U0468855

生命 这堂课

陈永仪 ———————— 著

生 命 总 有 终 点 ，

但 爱 与 希 望 永 恒 。

民主与建设出版社 博集天卷 CS-BOOKY

·北京·

目 录
C o n t e n t s

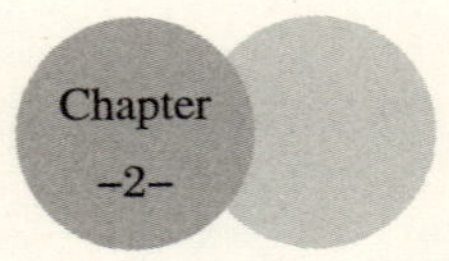

生与死的人生快照

Emergency Medical Technician

简体中文版作者序

这条路上，我们并不孤单

陈永仪

这本书有机会以简体中文版本呈现给中国大陆读者，对我来说意义非凡。我出生于中国台湾，成长在美国，父母分别生于广西和四川。当初我决定要学心理学时，父母的反应是：这种东西学出来要做什么？能找到工作吗？没想到随着时代的进步与科技的发展，心理学似乎越来越能被大众所接受，进而日渐被看重。心理学在华人中的研究与应用，东西方的文化差异，以及属于亚洲人的特质，都是特别吸引我的议题。

此时，中国正处在新型冠状病毒肺炎疫情期间，面对这类不可控制的突发事件，建设良好的心理状态，以及锻炼出有韧性的因应能力，就显得格外重要。同时，我们也看到，在面对危机、恐慌、生死之际，人性的多面以及个人的核心价值将会越发突显出来。

回忆这本书中的26个故事，再一次提醒我们，人与人之间是紧密相扣的，爱、关怀与情绪的传达有时也是迅速无形的。人们相聚在一起，彼此所激发出的力量可以摧毁人性，亦可以建设人性。

与书中每一位病人相遇的情境，至今仍历历在目。在这些医疗现场，常会听到的两句话是“早知道……”和“我以为……”。在诊间里，这两句话往往会成为人们活在过去，无法向前的一种阻碍。为什么我们会“以为”呢？有些事，我们其实应该早就知道的，例如时间不等人，机会错过不再有。因为乐观，或对未来有盼望，是人生存的本能。试想，一个整天都在考虑“万一”的人，恐怕很难把日子过下去。因此，人们总是在碰到重大事件，特别是不在预期内的生死相关事件时，才会意识到自己最在乎的、最怕失去的、最渴望拥有的人、事、物是什么。存在主义哲学认为每一个人的经历都是独特的，因此人也是孤独的。

但是，我们要经历一些人类共同会经历的事件，比如生、老、病、死。这些是人生必经的事件，会在人的生命中提炼出必要的元素，比如目标、价值或意义。虽然每一个人的目标可能不一样，价值观会有差异，对人生的意义也有不同的体会，但我们共同拥有的是活在这世上共享的这些历程。

我们面对着属于我们这个年代的独特挑战、空前危机，甚至从未被发现过的病毒，在这一切背后，是否可能也存在着前所未有的机会——一个检视自己，认识他人的机会？在走过人生必经之路的时候，盼望这本书能使读者获得一些属于自己的启发，同时也感受到他人的共同经历，知道在这条路上，我们并不孤单。

推荐序

病房内的另一个世界

台湾中央大学认知神经科学研究所教授　洪兰

这是一本很好看的书，里面的经验是我们大多数人没有的。

我父亲在20世纪90年代做过心脏绕道手术，使我对这本书特别感兴趣。当时我父亲86岁，因为心脏功能不好，肺部积水，呼吸困难，所以决定去开刀。台湾的医生评估成功率只有10%，因此没人敢动刀，幸好最后找到美国斯坦福医学院的一位医生愿意动刀。

我知道开胸要降体温（开胸要降到32℃，开颅要降到28℃），却不知道是把整桶冰块倒进胸腔。当我父亲从手术室被推出来时，我母亲冲上前去握他的手，一摸是冰的，我母亲就晕倒了。如果当年有这本书，我母亲就不会被送到急诊室了。

医院的病房内真的是另一个世界，里面每一分钟都在上演生离死别，我不知作者竟有这么大的胆子，敢一个人在医院里过夜。当年我妹妹保送台大，她想要念医科，我母亲想到每天看生死、半夜值班，搞不好还要去太平间，就坚决不肯，她只好去念化学。其实人生就像作者说的，躺在医院的病床上，再怎么不甘愿，都得放下，既然如此，何不早一点放下?

说起来我能认识作者，也是一种缘分。2001年，刘兆汉校长来找我去中央大学成立认知神经科学研究所，因为脑科学已成为显学，美国的布什总统甚至说“这是脑的十年”，但是台湾还没有任何一个研究认知神经科学的系所。我就从阳明大学的神经研究所借调到中央大学去筹备。新所最难找的是临床神经心理学的师资，我碰到人就问：你有好的临床神经心理学方面的人吗？他愿意回台来教书吗？第二个问题很重要，因为台湾教授的薪水是平头主义，不像美国，做得好，薪水就高。

我找了大约十年才找到陈教授，她当时是因为父母年纪大了，所以放弃美国的教职，回台湾来陪伴他们。我一听“孝女”，这品格是没话说的，再跟她一谈，就知道她是我要找的人。好的人才大家都要抢，我最后抢赢了台大，把永仪聘请到我的研究所来教书，她果然是非常好的老师。现在回想起来，这应该算是我为中央大学的学生做的一件功德。

这本书是她过去在美国工作经验的回忆。看完后，我觉得我不但为中央大学做了一件好事，也为台湾的读者做了一件好事：说服一个好学者回台湾，再让她写一本好书出来，以飨读者。这是一件大功德，不是吗？

推荐序

生命的价值

台湾中原大学心理学系教授　郑谷苑

英语俗谚说，在这个世界上，我们唯一能确定的事，只有死亡和纳税。是的，人生在世，生老病死是每个人都要走的路。之前和朋友聊天，他说如果我死了，我回说不是如果，是何时吧。在抽象的、概念的层次上，没有人不知道死亡是人生必然的终点，甚至也能拿它来开玩笑。但是在真实生活中，当心爱的人，甚至是自己，要面对病痛或死亡时，这门课就没有那么容易了。

陈永仪在《生命这堂课》中，与读者分享她担任医院关怀师以及紧急救护技术员时的宝贵经验。这些可能很极端、很离谱，或许让人感动甚至哀叹的人生故事，在在令人深思。

在关怀师的篇章中，《你听得见吗？》这一篇看似平凡，就是一位需要插管的老先生，不断想要把管子拔出来，而医护人员

“为他好”，一定要强迫他不能动。仔细想想，如果我们是他，在医院里醒来，身上插着管子，将是如何惊吓，如何不适啊！出于好意的强迫，不如设身处地的理解。《我……能说什么？》这一篇是我个人受益很多的一篇。锥心刺骨的伤痛，其实很难用什么话语来安慰。尤其是在台湾的文化中，我们是非常缺乏这方面的理解和尊重的。《观察员》是我很爱的一篇。四个“不自量力”的老太太，呈现出最美丽的友情。

在急救人员的篇章中，《父母心》这一篇让人又好气又好笑。里面让我细细品味的，是“放手”的重要。这样紧张兮兮的妈妈，可能会令孩子心情紧绷、窒息，甚至剥夺孩子成长的权利。这样的爱，可能不是所有孩子都消受得起的。《亲密敌人》一篇中谈到，家暴往往最令人有无力感。24岁的年轻太太因为预料到会有家暴，居然装病。我在想，她拨打911的时候，心里该是多么害怕！《霸凌》一篇中提及，霸凌往往发生在权利不对等的情况下。这个故事的主角是被霸凌者，因为想要成为强者，脱离被霸凌，差点赔上自己的命。被霸凌者是弱势群体，要靠自己的力量来反抗，基本上难度很高。只有你和我，周围的人出声出力，才能反霸凌。

这本书讲的是人们面对不同考验的故事，可能是身体的病痛、情感的打击，或是生死的抉择。永仪这本书中的主角，或多或少都是无助的（需要长期住院，或面对生死一线的紧急状况），需要关怀师或急救人员的帮助。但又或许，虽然面对无助的情况，人还是有一定的自主权和选择权的。其实，我们是什么样的人，正是由我们在非常状况下所表现出来的行为决定的。

要了解生，或许要先了解死。生命的可贵与价值，正在于它必将以死亡为终点。《生命这堂课》提醒我们，在这有限的时间里，在无助或困顿的情况下，我们做出什么选择，不但决定了我们生命的价值，也影响了和我们最接近、最亲密的人。

作者序

聆听

陈永仪

你注意到了吗？

每一天，在我们身边，都可以听到许多不同的对话。

每一段对话，都反映着人与人之间的关系，其背后都有着许多不同的人生故事。

对人的好奇，人与人之间各种关系发展的方式，以及不同生命经历的体会，吸引我进入了心理学领域。一转眼，这条路已走了20多年！心理学的范畴很广，虽然我主要研究的是压力与情绪，却乐于将所学应用在任何有机会接触到的层面：社会、临床、犯罪、健康、人格、认知神经、工商组织……无论是哪一种心理学，跨领域还是钻研特定的主题，都是一个以人为单位、为核心，发展和延伸出的领域。身为群居动物，人要如何在群众中保有自我，在重要关系中放下自我，甚至妥协牺牲，是需要不断从经验中学习和演练的。

本书的第一部分，是我在做关怀师时的经历。那时我在美国念心理系研究生，在学习科学研究的过程中，见到人在承受病痛或面临死别时，他们心灵上的需求，虽然很难用科学的方式来描述分析，却如此真实。

科学对人类的贡献当然不在话下，且仍然在持续不断地进步，但人无限复杂，让我们在运用科学或其他工具试图了解人的过程中，也了解到自己的渺小与不足。这是一个让人谦卑的过程。

关怀师的经历这部分内容原本是用英文写的，在美国不同的大学里成为“生死学”的辅助教科书。回台后，有幸得好友——中原大学心理学系教授郑谷苑（当时她身兼系主任）在百忙中友情相助，将其译成中文，得以在台湾地区出版。

本书的第二部分，是我在美国纽约当紧急救护技术员时的一些经历。那时我已做完博士后研究员，开始了正式的大学教职生涯。

我从小就对医学好奇，却碍于对生物、化学这些学医所不能不学的科目完全无法学习……后来我想清楚了，自己并不是一定要当医生，而是想对这方面多一些了解。再说条条大路通罗马，只要厘清自己想要的是什么，把这愿望放在心里，相信总有能实现的一天。因此，就在我授课的大学内，我与其他高中毕业的孩子一同报名，申请急救训练的专科学位。那时，除了教学、研究兼行政事务外，我每星期硬拨出两到三天晚上去上课，几乎从未缺课！有兴趣的事，做起来并不感到辛苦！因为我得到了许多宝贵的经验和人生的历练。

每个人生命中都有自己要学的功课，那也是只有自己才能面对的挑战。世界上不可能有两个同样的生命历程，也不可能有两个具有相同意义的挑战，更没有人能完全了解你的感受。但是，如果我们在生活中愿意不时地放慢脚步，聆听、观察、感受一下周遭的人、事、物，或许就可以有不同的体会，得到一些启示与鼓励。或许，我们会发现：人与人之间的距离没有那么遥远；我们与身边的人，相似的地方多于分歧的地方。或许，不论相识与否，同行于这条路上，我们都是有伴的。

本书所呈现的皆为真实故事。为了保护当事人的隐私，能够辨识出当事人身份的细节，或被删除或有更改，但在描述事件本身时，都尽量与事实相符。无论是在急救现场、医院、实验室、课堂还是心理咨询的诊间里，我都感到很幸运，能够加入这以人为重心的行列，见证这些事件在平凡人的生活中所引发的非凡感受与体验，并且与你分享。

这些发生在你我周围的对话，你听到了吗？

Chapter

–1–

当爱与死亡交会

Hospital Chaplain

作为一个关怀师，我对医疗团队来说是个外人；作为一个心理系的研究生，我是关怀师团队的外人。然而，就因为是一个双重局外人，我得以幸运地一窥与我命运交会的众多其他人生故事。

故事，从这里开始

作为一个负责对病人进行心理评估的研究生，我想了解病人在手术过程中，到底经历了什么。

严格来说，我从来就不是一个真正的神职人员。至少这不是我的职业。我开始知道有关医院关怀师的事，是我读心理系研究生的时候，我参与了一个和心脏科以及开胸手术病人有关的研究计划。这个研究，主要是探讨哪些因素可能影响病人术后的复原、生活质量，以及死亡率。作为一个负责对病人进行心理评估的研究生，我向心脏外科医生提出申请，希望能有一个实际在手术室中观察开胸手术的机会。我想了解病人在手术过程中，到底经历了什么。

终于，机会来了，我得以“扮演”医生。他们甚至还让我穿上“刷手服”（外科手术室中带有V字领的服装），与他们一起进入手术室。我并没有像在电视剧或电影中那样，待在手术室上方，从玻璃窗后的观察室中观察手术，而是距离病人只有一米半，坐在工作人员好心帮我准备的凳子上。

当病人被放在手术台上时，她已经没有什么意识了，并没有像电影里演的那样，由医生把面罩放到病人的口鼻上，然后慢慢倒数，直到她失去意识。也没有用消毒过的床单盖住病人的全身。事实上，当病人的身体被翻来覆去，护士将深褐色的消毒药水直接倒到她身上，涂满全身的时候，她的身体没有丝毫遮掩。手术室里很冷。我不禁想，她不冷吗？如果这一切都是真的，我应该会替她觉得冷。但是，我没有这样的感觉。在我眼中，她一点也不真实。当准备工作结束之后，她全身赤裸地躺在不锈钢的手术台上，身上像被浇了一层黑糖浆。唯一的生命指标，是机器发出的哔哔声。手术还没开始，情况就已经如此。

接下来的程序，对于我之外的其他人，都只是例行公事。我不太能习惯他们灼烧血管以止住切口流血时，所散发出的刺鼻的烧焦味。那闻起来像烤肉一样的味道，通常让我们联想到的情境和手术室大不相同。这是个冠状动脉绕道手术，是为了替病患取代不通的血管，让血液能重新通畅地流入心脏。医生和护理人员的操作几乎是完美无瑕的。他们切开病人的胸部，用电锯将她的肋骨锯开，然后将一桶冰块直接倒入她的胸腔。

“一桶冰块？天哪！他们弄错了！”我在心里喊着。

外科医生望向这边，看到我脸上惊恐的表情。“嘿，你！”他说，“你在市场买的牛排，如果不放到冰箱里会怎样？没错，会臭掉！本来要流经心脏的血液，现在绕道到人工心肺机之后，心脏只不过是一块没有血液流过的肉。”冰块可以让心脏在手术进行中保持低温，而不会腐败。

接下来，他们在病人大腿内侧切了一道很深很长的切口，取出一段血管。这段血管会在心脏里被接起来，形成一条新的血液通路，并绕过原本堵塞的冠状动脉，重新提供健康的血液给心脏。虽然手术顺利完成，但整个过程比我想象中粗暴，令我印象深刻。更不用说，当天扮演医生这件事，并不如我原本期待的那么有趣。

接受开胸手术是非常可怕，又让人焦虑不安的。从这种大手术中复原，同样也是一项高难度的工作。每个人在这样的过程中，可能会有不同的反应。被我评估的病人中，有的很沮丧，有的吓坏了，也有的已经准备好面对挑战。无论他们对这个可能危及生命的事件有怎样的反应，很多病人都特别提到有关怀师来看他们，让他们备受安慰，而且在住院期间对他们很有帮助。

不属于特定教派的关怀师

什么是关怀师（Chaplain）？以前，这个字眼总让我联想到一个穿军服，手拿《圣经》，为濒死的军人举行最终祈祷仪式的人。其实，这些神职人员分布在不同的机构：在学校的称为校牧，在医院的称为关怀师，在军中的称为军牧。经过研究，我发现在我工作的医院中，关怀师有时也被称为“院牧”，是属于医院的牧师，是医疗团队中的一员。除了例行到不同的病房访视病人之外，关怀师更是创伤团队中的必要成员，需要一星期7天、一天24小时轮班。

关怀师团队不属于任何宗教或教派。他们来自各种教派，包括基督教、天主教、犹太教以及东方传统宗教。

也许这些不同机构中的神职人员，他们共同的信念就是相信有某种更高的力量存在。他们服务的对象包括各种信仰的人。他们在那里，是要帮助病人与本身的信仰联结，并且在需要的时候，让他们从中获得所需要的精神支柱，以面对即将来临的挑战。

当我对关怀师有所了解之后，我就更好奇了。他们到底有什么力量，能够在素昧平生的他人的生命中，扮演如此重要的角色?

医院里的教牧关怀部门是属于临床教牧教育协会的，他们为神学生提供一些关怀师训练与学分班课程。这个训练最少要一年时间。

虽然我是一个在基督教家庭中长大的孩子，也会定期上教堂，却一点也没有要成为传道人的念头。我挣扎着要不要申请这个课程。最后，好奇心胜出，我获得了教堂推荐，申请接受训练，也被核准了。他们为我破例，因为我是整个课程中唯一不是专业神职人员的成员。

所以，故事就这样开始了——为期一年的双重局外人。作为一个关怀师，我对医疗团队来说是个外人；作为一个心理系的研究生，我是关怀师团队的外人。我和团队中的医疗人员，或是其他的关怀师，在想法和做法上都有所不同，至少一开始的时候是这样。

然而，就因为是一个双重局外人，我得以在生命里开启另一扇窗，让我能幸运地一窥与我命运交会的众多其他人生故事。

Restart Life 关怀师的职责，是帮助病人与本身的信仰联结，并且在需要的时候，让他们从中获得所需要的精神支柱，以面对即将来临的挑战。

神的代理人

我们每天遇到的人，有多少是躲在他们的笑容或是“我很好”的说法后面?

工作的第一天压力很大。关怀师们被指派到医院的各科病房，我们需要一一访视所有楼层每一间能够接受访视的病房里的病人。我每次敲门的时候，都对即将面临的未知情境感到恐惧。我们可以从计算机和病历表上知道病人的基本资料，像是性别、年龄和住院原因。但是，这并没有提供足够的讯息，让关怀师们知道在门后等着他们的，是一种怎样的真实的个人情绪；也没有给关怀师们任何病人或病人家属对他们的来访会有什么反应的线索。

我穿着黑色套装，戴着医院正式的、有照片的识别证，上面写着“陈永仪关怀师，教牧关怀”。穿着和识别证两者，都应该让我看起来非常专业。我花了点时间才找到我被指派的地方。

医院对我来说是一个非常混乱的地方，但是我终于找到了正确的大楼和楼层。当电梯门打开时，我面对的是一条长长的走廊。与其按照房间的次序一间一间地去拜访，不如看手上的住院病人名单，考虑可不可能找到“最单纯、最健康”的病人。该从哪个病人开始呢？我从数据的最上方开始看。终于，我发现了一个28岁的非裔美籍女病人，她刚刚做了囊肿切除的手术，看起来是一个刚经历小手术的年轻病人，身体应无大碍。金伯利·格莱能小姐，就是她了。我敲了敲门。

“请进！”她蛮愉快地回应。

真的选对了，我对自己说。

“哈喽，格莱能小姐，我是关怀师May。你今天觉得怎么样？”我花了一些时间才把自己的名字和关怀师这个头衔联系起来，又用了更多的时间，才让自己对于把这两个名词放在同一个句子里感到自在。

她脸上有着大大的笑容：“哦，我还好，关怀师May。”

“太好了！你看起来很不错，手术后复原得很快吧？”

“是啊，还是有点痛，但是我今天开始下床走路了。从来没想过走路是一件这么困难的事！”她看起来充满活力。我轻轻地点了点头。但是，我还来不及说什么，她自己就继续说下去了。

“你知道，看到你真好，关怀师。有时候，我觉得我没办法跟任何人说。医生和护理师都非常好，但是我不能跟他们讲。”她移开眼光，停顿了一下，脸上的表情开始转变。

“小时候，我被叔叔性侵。”她慢慢地说，前一刻似乎还充满着的愉悦在慢慢流逝。

“你……”我试着将仍然停留在脸上的笑容收起来，想要弄清楚现在是什么状况。

“我9岁的时候，”她继续说，“又被我的堂哥们强暴了，因为我爸爸性侵了他们的妹妹。”

“你的……”我还在试着弄清楚情况。我听说过在这种情形下，重复对方所说的话，不失为一个好技巧。在我实在讲不出话的时候，她再度开口，继续讲述。

“几年之后，我发现那次强暴使我感染了艾滋病毒。”

“艾滋病毒？”

“我一直都没有质问我爸爸这件事。但是，我想上帝是公平的。后来他因为中风瘫痪，靠轮椅度过了很多年。后来，他还是想办法自杀了。”

“他……”我答不上任何话，开始觉得有点头晕。

她接着说：“终于，我在一年前遇到一个很好的人，他很爱我，也很支持我。但几个月前，他却因心脏病猝死。你知道，我们本来计划要结婚了。”这时，她的眼泪不断地流下来。那美丽的脸庞，几分钟前还充满愉悦，现在已经满是眼泪、悲伤、挫折和愤怒。

忽然，我完全无法思考，好像所有的画面都变成了慢动作。我整个人晕头转向，找不到话说，而且也不知道自己该怎么办。我甚至不知道发生了什么事，怎么会演变成这样。

“金伯利……”我直呼她的名字。

“叫我金。关怀师，见到你真好。你看，上帝还是关心我的，他送了你这位天使来看我。天哪，我现在觉得好多了……发泄了这些情绪，还有……哭出来。我已经不知道有多久没哭过了！**我总是得为了别人装出笑容**，**因为我知道他们根本不在乎我过的是什么样的生活**。”

她又继续说了几分钟的话。说真的，我实在记不得她还说了什么。我忙着不着痕迹地撑住自己。最后，我邀请她跟我一起祷告。在此过程中，她紧紧地握住我的手。她哭了，然后又笑了。在我们结束祷告之前，她说："主啊，谢谢你！"

"谢谢你，关怀师，你不知道这对我的意义有多么重大，这是个奇迹。"笑容重返她的脸庞。

"不客气，金，上帝祝福你。"当我走出她的病房时，我问自己：我做了什么？

当然，答案是：什么也没做！然而，却让这个女孩有足够的安全感，将她不愿显露给别人的真实的自己，完全暴露在我面前，展现她的脆弱。

我当然也很乐意去相信这是因为我的个人魅力……还是因为我全新的黑色套装、我冷静沉稳的风度？是吗，真的是因为我吗？还是关怀师所代表的更高力量？答案似乎很明显。

有人说，人是上帝的器皿，上帝通过人来让他人感受到被爱、被照顾、被关心。这一天，我不觉得上帝通过我来传达他的爱。反而，他包容了我的不足，仍然把爱与关怀传达给了需要的人。

我之前完全被金伯利充满欢乐的问候和绽开的笑脸欺骗了。医生们和护理师们也一样被蒙在鼓里。我离开之前，在护理站留了一张字条给医生，请他们评估一下金是否有忧郁症。虽然在我们的互动中，我有点晕头转向，但金的某些行为和她所说的话，让我怀疑她可能符合忧郁症的诊断标准。后来，我得知她的确遭受忧郁之苦，患有重度忧郁症。

如果我是在电梯里遇到金，或是在酒吧、公交车或捷运上，我很可能不会怀疑她表面上所呈现的一切，也会完全接受她的笑容和愉悦的态度。**我们每天遇到的人，有多少是躲在他们的笑容、愉悦的声调、专业的互动，或是“我很好”的说法后面？**

自此之后，我学会了在批评一个人态度不佳之前暂停一下，再想一下。对无礼或表现愤怒的人，也不会立刻反弹。因为，这些人可能不是单纯的令人讨厌，或是心情不好。或许，他们正背负着长期的创伤；或许，他们有着艰辛、苦涩的人生，有着无法言喻的悲痛和无法启齿的经历。我们的态度与反应，都可能让我们成为那压垮别人的最后一根稻草。

Restart Life 在批评一个人态度不佳之前，我会暂停一下，再想一下。我们的态度与反应，都可能让我们成为那压垮别人的最后一根稻草。

倾听

我看到琼森太太和麦可从彼此身上获得力量，并用这种力量，在他们周遭建立起一个充满爱的世界。

医生和护理师们常常会要求关怀师去拜访一些他们认为有这方面需要的病人。这天，在例行的巡房访视之前，我拿到了一张转介名单。

琼森太太的儿子麦可在这里做肾脏移植手术。我敲门之后，开门将头探入了一片黑暗、没开灯的房间。病人躺在床上，背对着门。毯子拉得高高的，盖住他半边脸。有个女人坐在床边打瞌睡。

“琼森太太？”我轻声唤着。她立刻睁开眼睛，抬头看我。

我介绍了自己。

“哦，哈喽，关怀师！”

“他在睡吗？”我指了指病人，“我只是想过来打个招呼，希望没有打扰你。”

“没关系，他醒着。请进请进。请坐！”

“那好。”我走近床边，看到麦可睁着眼睛，瞪着墙壁。

“这是麦可吗？”他看起来像个成年人。根据病历，他刚过20岁。

“是的。”琼森太太说，用手指梳过麦可的头发——这大概是他唯一没有用毯子盖住的地方。

“麦可，关怀师来看你了。”

麦可继续瞪着墙壁，眼睛眨也不眨一下。

“麦可为什么住院？”我拉过一把椅子坐下来。虽然我手上有数据，但有时候，让他们自己告诉我住院的原因比较好。

“我们来是因为麦可的肾脏移植。我们在等候名单上已经等了三年。”

“我了解了。这是你们一直期待的。”我注意到麦可还是盯着墙壁，脸上没有任何表情，也毫无反应。

“是的，但是麦可有点害怕。麦可，没关系的，妈妈在这里，还有关怀师也来和我们一起祷告。”

“哈喽，麦可，”我转向他，“你今天感觉如何？”他把毯子拉得更高了。

“你不知道，麦可有自闭症。但他是我的全部，而我们彼此照顾。对吧，麦可？”他稍微动了一下。

“每天他回家，我们都一起做饭。他总是会确认我有没有吃药，我知道他爱我。我永远也不会忘记他亲口对我说出‘我爱你’的那一天。”她流下了眼泪。

“听起来麦可是个很会关怀别人的孩子。”

“哦，是的，他是！他是最好的孩子，虽然有时候他会被别人误会。在我们社区，长大并不容易。很多孩子都吸毒或做一些违法的事。有一次，警察在追一些孩子，他们跳进我们的院子。麦可就坐在房前的门廊下，那些孩子跑掉了，但是警察把麦可从门廊下拽走。他非常害怕，就开始尖叫。于是，警察很用力地打他，还把他关到监牢里。”

“我的天哪！那你怎么办？”

“我很害怕，但是我向上帝祷告。他给了我勇气，让我上法庭为麦可抗争。我给法官看麦可所有的医疗记录。他的健康状况使他必须定期去洗肾，他怎么可能吸毒？结果，他们把他放了。”

“这对你们来说一定是可怕的经验。”

“是啊。但是上帝很棒。你知道，麦可和我每天一起读《圣经》和祷告。对吗，麦可？”麦可在床上还是一动也不动。

“我们一起经历了那么多，我们一定也会一起渡过眼前这一关的。”她亲吻他的额头。

我为他们祷告的时候，握着他们的手。在祷告结束的时候，琼森太太大大地叹了一口气，然后脸上出现了笑容。

当我离开这间病房的时候，我感受得到，而且也相信，有一位充满爱的神真的在守护这对母子。我不知道麦可为何天生就有自闭症。我不懂为何他们的生命中仅仅拥有彼此，更不明白他们的人生为何如此辛苦。但是我确实看到了在风雨飘摇的人生中，琼森太太坚定不移的信念。

我看到这医疗体系没让他们失望，及时给了麦可他所需要的肾脏移植。我知道琼森太太和她儿子的关系，是很多母亲可望而不可即的。我看到琼森太太和麦可从彼此身上获得力量，并用这种力量，在他们周遭建立起一个充满爱的世界。

少讲一些，可能会让对方感受更多

在这次拜访中，我又没说什么。我学会了即便不是在无言以对的时候，也可以选择寡言。倾听，不一定要有明显的回应，不需要帮对方下结论、做评断，或给予任何建议。这……说得比做得容易。

在现今的社会中，想要让对方倾听而不给意见，很难。想要纯粹表达自己的感受，却总是会同时听到别人对这些感受的意见。甚至有时只想说说话，发泄一下，也还是会感受到别人不知如何回应的尴尬。

有时候，少讲一些，可能会让对方感受更多。当家人或朋友向我们抱怨，讲述负面经验，向我们表达他们的痛苦时，除了单纯倾听并且了解他们的感受和经验外，我们总是很爱说出自己对事情的想法，甚至评论：

“啊，你不该有那种感觉。”

“你想得太多。”

“不要生气，真的不值得。”

“这有什么了不起？”

我们大多会在我们的回应中表达我们的评断：我们认为他们应该怎么做，我们认为他们不应该有什么反应。这样，我们本来是想要劝对方，让他们好过一点，结果反而可能会让他们觉得自己被误解、被扭曲了。因此，他们除了本来难受的感觉之外，还得花费心思和力气向我们解释，叙述为什么他们的感受是有理由的，或者为他们的感受来辩护和找理由。

有机会不妨观察自己听到别人的抱怨或分享后的反应。试试看是否可以在真正做出反应之前，先想一想——这是关心人的艺术。

我想，这是不是就是弗洛伊德学派的心理分析治疗一开始就被称为“对话治疗”的原因？他强调治疗者需要将自己作为病人的一块空白屏幕，让病人把自己的想法、感受毫无顾虑地投射到心理医生身上。无论是不是一位治疗者，这个类比都很有说服力。

一块只会接受投射的空白屏幕，不会对投射其上的内容做出评论、价值判断，或给出任何建议。也许，每个人都需要一些自由说话的空间，可以被倾听的空间。

Restart Life 每个人都需要一些自由说话的空间，可以被倾听的空间。

你听得见吗？

当他觉得别人听到了他的呼求时，他也开始能听到别人在说什么了。

当我听到病房中传出一些骚动时，我正在走廊上，预备进行例行的巡房访视。我走到那间病房门外，看到里面有位老先生躺在床上。他被插了管——有一条管子从他的喉咙插入气管中，来帮他呼吸。这些管子有大有小，小到像在超市可以买到的家里用的吸管那样细，大到像喝珍珠奶茶时所用的吸管那样粗。对大多数人而言，无论将多细的管子强迫插进喉咙里，都是一件极度不舒服的事，而且会引发一些自主的反射动作。因此，医生经常会对插管病人使用镇静剂来避免作呕反应，或是防止他们在意识不清的时候，自己将管子拔出。

我走进病房时，看到病人在床上躁动不安。他想要发出一些声音，但喉咙里插着管子，很难做到。这个骚动也引来了一位护理师。贴在床头的病人资料摘要表上写着：威尔逊先生。他看到我们的时候，显得更加焦躁不安。当威尔逊先生想坐起来时，插在喉咙里的管子引起了他的作呕反应。接下来，护理师叫来了好几个人帮忙。他们当即做出的反应是抓住他，将他的手绑起来，免得他将管子拔出，造成伤害或是更危险的后果。

对于护理师们试图掌控情况的行动，威尔逊先生的反应几乎是狂暴的。他的眼睛因为极度恐惧而睁大，手在空中上下摆动。他的嘴巴张大，看起来像是在尖叫……但我听不到任何声音，除了他沉重急促的呼吸声、不断作呕的声音，以及他近乎拳打脚踢的大动作造成床单与塑料垫摩擦的声音。他的眼泪、鼻涕、口水在脸上混成一片。

就在这个时候，我走向威尔逊先生——哈维·威尔逊先生。

“哈喽！”我几乎要大叫，才能让他注意到我。但就算那样，效果也不佳。无论如何，我还是继续喊着。

“你现在在医院。你不能说话，而且因为你喉咙里有管子，所以你一直干呕。这管子是要帮助你呼吸的。”他转头望向我。

“我知道，你想要把管子拔掉，但是你不能自己拔。护理师们会在这里帮你。”我用手势请护理师们不要强迫他躺下。

“你要尽量冷静下来，因为你越急，就会抗拒得越厉害，结果你就会感觉更糟。护理师们在这里是要帮你。他们会尽快将管子拔掉，但是你得冷静下来，不要和他们对抗。”他的呼吸还是很急促、很沉重，他还是在干呕，但是不再抗拒。

不久之后，医生顺利地为威尔逊先生拔管。在拔管之前，他不需要被绑起来，也没有使用镇静剂。

倾听，并且回应

试想，有一天你在一个全然陌生的地方醒来，是一件多么令人惊恐的事。你睁开眼睛，发现你四周是白色的墙壁，而在白色的天花板上，装的是闪烁的日光灯。房间里很冷，你穿着一件松垮垮的像纸一样的袍子。

当你想坐起来的时候，不但发现自己被很多电线缠住并连到一些机器上，而且还一直干呕。你不记得到底发生了什么事，或是你为什么在这里，所以你要求救。但是你发不出声音，因为有东西卡在你的喉咙里。你越用力想要讲话，就干呕得越厉害。

终于，有人来了。你试着求救，试着将喉咙里的东西拿出来，你觉得这东西会让你窒息。但这人不但不帮你，还硬要把你按倒。然后，他叫了更多人来，他们一起把你压在床上，还要把你的手绑在床上。换成是你，不也会和这些护理师搏斗，为了活下去而拼命吗？如果是我，一定会。

我不太确定最后是什么原因让威尔逊先生冷静了下来。但是我想，当他觉得别人听到了他的呼求时，他也开始能听到别人在说什么了。在如此惊慌的状态下，他想要传递一个紧急的讯息——他觉得性命受到威胁，他需要帮助。但是，这个讯息似乎没有传递出去。要不然，护理师们为何会忽略他的情况，把他当疯子一样对待？

当时，如果有人对他说出了他本来想说出来的话——“我的喉咙里有管子，我不能讲话，而且我一直在干呕！”可能或多或少会让他觉得被理解了，让他感觉有人听到了他的呼求。

事后想想，好在我并没有宣称我了解他的感受，或表示知道他的经历。我实在无法这么说，因为我并没有被插管的经验。

事实上，没有人能确切地了解另一个人真正的感受，即使他有过类似的经验。因为每一个人都不同。就算有过相同的经历，感受也会不太一样。还好，大多数时候，要关心一个人，并不一定需要真正了解他所经历的事。或许，威尔逊先生也不过是希望有人听到他要说的话，并非需要别人了解他的感受和想法。有时，把这些话说出来给他听，表示“听到了！”也就足够了。

所谓倾听，其实是要向对方表达“听到了”，才算完整。如果对方没有从你这儿收到确认，你的倾听任务就不算真正完成。这有点像邮寄双挂号的回执联，对方送出讯息给你后，他要收到回执联，确定你收到了，这场沟通才算完整。又如，当别人叫你名字的时候，不妨试试不要回应，对方很可能就会继续叫你，直到你有反应为止。让对方停止一直叫你的最好方法，就是向他表示你已经听到了。倾听，是一条双向道路。

后来我在做婚姻咨询时，也常常碰到这样的情况：其中一方非常不愿倾听对方所说的话。这几乎无可避免地会使说话的人不断重复他所说的，有时甚至到了令人厌烦的地步。

其实，确认你听到了对方的话，并不表示你同意他。因此，何不大方地给对方一些正向回馈，让对方知道你听到了他说的，即使你不同意他所说的内容。给各位提供一个有用的回应：“我听到了你说的……但是我的看法和感受跟你不同。”倾听，当我们正确运用它的时候，它确实是一种积极而非被动的关怀方式。

Restart Life 所谓倾听，其实是要向对方表达“听到了”，才算完整。倾听，是一条双向道路。

何时才算做好道别的准备?

放手是很难的事。有时候，我们在“关怀”的伪装下，以爱为名，用这些冠冕堂皇的理由，不愿放手。

一位80岁病患的主治医生要求我参加一个家庭会议。这是主治医生和病人家属会面的场合，目的是让彼此在某个特定的医疗问题上达成共识或做出决定。

凯斯伯太太已经使用人工呼吸器超过一个星期了，她不能自主呼吸。她已经签署过预立医疗指示（Advance Directive，简称AD），有时也称为预立遗嘱（Living Will）。这系由病人预先拟定并且签署的法律文件，当病人罹患严重的疾病或失能，无法为自己发声时，这份文件可以为他们表达在医疗上想要如何被对待。

预立医疗指示有多种形式，不过大部分都包含结束生命、人工灌食和给水，以及安宁照料方面的指示。应用于结束生命方面，一个人可以决定使用现有医疗照顾来尽量延长自己的生命，或是在某些特定的情况下，决定不再让生命继续下去——例如病人处于没有意识的状态，并且恢复意识的机会渺茫，或是处于一种无法治愈也无法逆转的情况，并且即将死亡之时。应用于人工灌食和给水方面，病人可以选择要不要用鼻胃管提供生命所必需的“养分”和“水分”。应用于安宁照料方面，一个人可以选择是否接受治疗来减少疼痛，即使这种治疗会导致死亡，或是缩短生命。病人住院时，医院的标准程序会要求病人提供一份预立医疗指示。医院当然很鼓励病人提供这些文件，即使是年轻的病人。关怀师在实习时，也被鼓励拟定一份这样的文件。

在凯斯伯太太的预立医疗指示中，她很清楚地表示，她不愿意靠呼吸器来维持生命。同时，在这份预立医疗指示中，她也指定了两个人，在她无法清楚地表达自己的意愿时，替她做决定。她的第一顺位代理人是最小的女儿玛利安，如果她不在，则由二儿子贾森做决定。由于玛利安和贾森在要不要停止使用呼吸器这件事上意见不同，因此需要开这个家庭会议。

房间里挤满了人，除了凯斯伯太太的家人，还有主治医生、一位护理师，当然还有我。医生向大家做了凯斯伯太太的医疗简报，并介绍了她目前的状况：她还是没有意识，而且不能自主呼吸，并且她的情况不太可能改变。接着，医生一字一字地念了凯斯伯太太的预立遗嘱："如果我进入了植物人状态，以下是我的嘱咐：我不要接受维生医疗。"

房间里一片死寂。医生和我彼此对望，我们也看了看在场的每一位。每个人都低着头，没有人抬头。主治医生想要说些什么，但是我轻轻地摇摇头，表示：给他们一点时间吧。关掉凯斯伯太太的维生医疗机器，就意味着要让她走了。这些孩子正决定应该让他们的妈妈生还是死。医院可以让院方的法务部门介入，经由法院来执行凯斯伯太太的预立遗嘱，但医护人员总是希望尽量由家人来解决问题。

"我已经准备好，要让妈妈走了。"贾森低着头说。

玛利安泪流满面，泣不成声，用双手捂着脸说："妈妈生病的时候，只有我们可以依靠。几星期前，她复原得很好，大有进步。她甚至坐起来，试着跟我讲话。我知道你们有些人没有看到，但我在，我看到了！"其他人都不作声。

“玛利安，我知道你不想让妈妈失望。你是在想，万一她还有机会好起来呢，对不对？”我试着让她知道，她说的话被听到了。

“正是！但我不是神，我不想扮演神的角色！我该怎么办，关怀师？”

无论是否正式地被赋予这样的权力，神职人员的角色都常常带有某种权威。神职人员可以，有时也会利用这样的权威。在某些状况下，它还是蛮好用的。

医生急切地看向我这边，希望我可以说些什么，让玛利安做出一个符合她母亲预立医疗指示的决定。毕竟，到目前为止，她是唯一有着不同看法的人，但她也是法律上所指定的决定者。

我看着玛利安的眼睛——她的痛苦是如此沉重、明显，我甚至感觉可以触碰到它的存在。这里没有什么是“正确”的决定。无论她的决定是什么，她都必须自己承担。没有任何逻辑推理或是损益评估，可以帮她做出决定，或是保护她，让她事后不会深感后悔。

“如果你妈妈现在和我们一起坐在这里，你觉得她会说什么？”我轻声地提出这个问题。

“嗯，我知道她不想靠呼吸器维持生命，但是你怎么知道她不会明天就醒过来？”玛利安说。

医生摇摇头。

“你说得没错，没有人会知道；她有可能明天就醒过来。但是，也可能不会。玛利安，我们大家一起在这里，是想要知道，想要确认，在这样的情况下，你妈妈想要怎样。很不幸，我们现在无法问她——她现在也无法告诉我们她想要怎样。我想，她很可能觉得你最懂她，这就是为什么她会在预立遗嘱中请你为她做决定。”其他家属都缓缓地点着头。

“如果不知道何时才能醒过来，她很可能宁愿离开，也不愿靠着喉咙里的一根管子而活。但是，我不想让她走！”玛利安无法停止哭泣。

放手是很难的事。有时候，我们在“关怀”的伪装下，以爱为名，用这些冠冕堂皇的理由，不愿放手。**去做对我们所爱的人来说最好的事，需要极大的勇气，因为这可能表示他们将要永远离开我们。**

大部分时候，我们心中都有“正确答案”，就是我们主观上知道是“对的”的事。实际上，在客观世界里，这些属于个人的决定通常没有什么对或错，很多困难的决定往往存在某种程度的灰阶，而不是黑白分明的。这时，我们所需要的常常只是一些空间。当我们有空间来思考、反省、表达与接受现实时，往往无须费心搜寻，“答案”就自然浮现了。当你感受到一种松了一口气的轻松感时，你就知道，你有答案了。

稍后，凯斯伯一家达成了共识。凯斯伯太太喜欢看美式足球，那天正是超级杯比赛的星期日。晚上，全家人聚在凯斯伯太太的病房里，一起看完了整场超级杯比赛，之后才拔管。当我们手牵手一起祷告为老太太送行的时候，稍早前家庭会议中所感受到的紧张和挣扎已经不存在了。病房里，一种平静祥和的感受充满并抚慰了每颗悲伤的心。

Restart Life

很多困难决定的答案往往无须费心搜寻，我们所需要的常常只是一些空间，“答案”就自然浮现了。

囚犯之心

你可以为我的太太和儿子祷告吗？请上帝看顾他们，确保他们一切安好。

我手上拿着病人的名单，准备巡房的时候，看到名单上写着琼斯先生，他病房的门外站着两个警察。他们看起来不像访客，很“官方”。我朝病房走去，当接近门口要自我介绍时，我必须抬起头，才能看着这两个又高又壮的人。我不知道警察为什么都又高又壮，这莫非是当警察的必要条件？

“很抱歉，小姐，我们不能让你进去。”两位警察非常有礼貌，“我们得到的命令是除了医生和护理师之外，不能让任何人进去。”

“哦，是这样。”我想了几秒钟，“但我真的很想和琼斯先生讲几句话，只是想看看他现在状况如何。我可以从门外和他讲话吗？你们介意吗？”

“嗯……我想这样应该是可以的——如果你不进房间的话。”他们向两侧移动，让出一个空间给我。我走上前，就站在门边。琼斯先生躺在床上，正向外张望，想知道发生了什么事。

“琼斯先生——”我正要向他自我介绍。

“叫我法兰克。而且我知道你是医院的关怀师，我刚才听到你说话了。”琼斯先生，或是法兰克，是一个快30岁、相貌英俊的年轻人。他说话声音柔软，举止也很有风度。他穿着医院的袍子，胡子刮得干干净净。

一个讨人喜欢的年轻人，我心里这样想。

“是的，法兰克。你今天感觉如何？”

“还好吧，我想，也就是这样了。”他耸耸肩。

“你为什么会住院呢？”我问道。

“嗯，我的胃一直很痛，痛得无法忍受。他们做了很多检验，都找不出原因。所以，他们会进行探查性手术，看这样是不是可以找出问题在哪里。手术时间是明天早上7点。”他一边讲话一边挥手，使得点滴袋碰撞到点滴架，发出砰砰的声音。

“用探查性手术来找到问题？”听起来很吓人，就是没有特定目的而把人切开来探查，看看哪里可能有问题的外科手术。

“我不知道哪一样比较糟糕……是难以忍受的痛，还是他们把我切开，只是要看一看里面情况如何。其实如果他们找到了问题，我也很害怕。会是什么样的问题？癌症吗，或是其他什么会致死的病？”他的焦虑和恐惧快速地显现出来。他挥手的动作越来越大，我有点担心他会把点滴架拉倒。我从眼角偷偷瞄了一下警察们，他们好像没在注意我们。

“法兰克，这听起来的确很可怕——现在的情况不明，也不知道将来会怎样。你的手术时间是明天早上。你愿意让我为你祷告吗？”

法兰克想了想，他的视线从门口移动到地板上。

“好。”他小声说，几乎像在对自己说话。他再次抬头看着我：“好，但更重要的是，你可以为我的太太和儿子祷告吗？”

“你太太和儿子？”我心里想着，在他刚刚表现出对情况的极度恐惧之后，这会是“更重要”的吗？

“是的。”法兰克坐直了身体，突然看起来很平静，像下定决心的样子。“我太太珍和我儿子艾瑞克——”他又停顿了一下，才继续讲，“他现在应该三岁了。我有一阵子没见到他们了，但是我想要你为他们祷告：请上帝看顾他们，确保他们一切安好。”

我们一起祷告之后，法兰克看起来放松了一些，心情也平静了。当“祷告”这两个字进入我们的对话之后，法兰克的心里产生了一些变化，可能是因为“祷告”这两个字，也或许是因为上帝的身影，或是祷告对他来说所代表的任何其他意义。总之，他改变了。他不再为自己担心或害怕。就如同他自己说的，这提醒了他，让他想起有“更重要”的事，比他自己更重要的事。

我所看过的病人，不管他们是不是有宗教信仰，不论他们有多虔诚，我发现“上帝”这个名词，或者任何与神圣力量同在的感受，对他们都有一种莫大的支持，有一种转换人心的动力。

甚至连警察也注意到了。当我离开病房，走向电梯时，他们刚好换班，其中一人跟我一起进了电梯。

“你刚刚做了一些奇妙的事。他看起来很不一样，比之前好太多了！”

我做的？我笑了笑，摇摇头。

“他犯了什么罪？”我突然想到。

电梯门打开了，警察直接走向咖啡站。就在我们分手之前，他回答道：“一级谋杀。”

Restart Life 我发现，任何与神圣力量同在的感受，对病人都有一种莫大的支持，有一种转换人心的动力。

急救代码

当一个病人没有反应、没有呼吸、没有心跳，或是呼吸和心跳都没有的时候，就会启动“蓝色代码”。

在关怀师的工作中，值班是最难的。通常，一个轮班是24小时——从早上8点30分到第二天早上8点30分。在晚上时段，负责值班的关怀师是全院唯一的关怀师（白天通常有许多关怀师在院内负责不同的事务）。因此，值班关怀师要负责全院所有与神职相关的服务。从回应其他工作人员的转介到急诊，同时也要回应所有“急救代码”（Codes）。

学习这些医院专属的特殊名词和急救代码，是担任关怀师工作的必要基础。值班的关怀师晚上会住在医院的关怀师值班室，

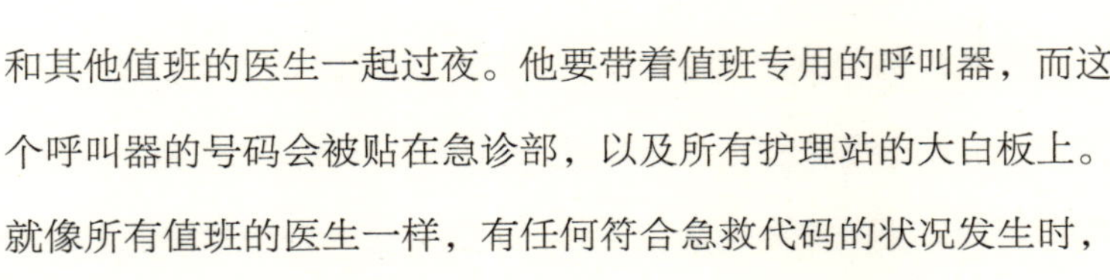

和其他值班的医生一起过夜。他要带着值班专用的呼叫器，而这个呼叫器的号码会被贴在急诊部，以及所有护理站的大白板上。就像所有值班的医生一样，有任何符合急救代码的状况发生时，关怀师的呼叫器就会自动响起来。

所谓“急救代码”，就是一种全院性的指令，它会启动一系列特定的、受到严密监控的标准运作程序。

当一个病人没有反应、没有呼吸、没有心跳，或是呼吸和心跳都没有的时候，就会启动“蓝色代码”。医院的扩音器会这么广播：“蓝色代码（Code Blue），内科加护病房（Medical Intensive Care Unit，简称MICU）有蓝色代码，内科加护病房有蓝色代码。”

当医院内部通信系统出现这个代码的时候，值班待命的医生和关怀师的呼叫器都会在几秒钟之内响起来。这个专业团队的每一个成员就会立刻放下手边的工作，冲到内科加护病房。

蓝色代码团队由一个队长领队。这个队长则是由每个部门的护理长指派，每一天、每一次轮班，都可能有所变动。队长必须受过进阶心脏急救的训练，并持有相关证照。蓝色代码启动下的病人，会由队友来负责照顾，通常是一位该单位的护理师。

团队的另一位成员是记录员，他负责在整个过程中监控病人的情况，记录每个程序和采取的任何措施，以及采取这些措施的确切时间。另一个成员则负责帮病人接好静脉注射通路，并且给予所需的药物。

团队成员中，也有专门负责维持呼吸道畅通，让病人得以恢复呼吸的人员。当病人需要的时候，团队中有专人负责心肺复苏（Cardiopulmonary Resuscitation，简称CPR）。通常，负责心肺复苏的人员需要和另一位成员轮班，因为进行心肺复苏是一件很累人的工作。

除了固定的蓝色代码团队成员外，有时还有其他的工作人员一起回应蓝色代码，并以他们的专长来提供协助。在此过程中，也会有一位医生负责监督整个小组的运作。必要的时候，还会有药师和实验室技术人员加入这个小组。当然，也包括值班待命的关怀师。

除了这些专业人员之外，还有急救推车（Crash Cart）。急救推车上放有很齐全的救治病人所需的各式医疗用品，包括保持呼吸道畅通的器材、静脉注射药品，以及一个手提式的体外心脏电击除颤器，可以用电流刺激心脏，同时监控心律。

记录员要负责急救推车。急救推车通常会被放在急诊部、加护病房以及手术室里。

平时没有特殊状况的时候，小组成员都分别在医院各部门工作。一旦呼叫器响起，他们就迅速组成一个团队，共同恢复病人的生命机能。这是一个由各种专家组成的团队，全年无休，一天24小时待命，只为一个目的：随时抢救生命。

当“代码40”（Code 40）出现时，则会启动一个创伤小组，包括外伤专科医生、放射科医生、麻醉科医生、呼吸专科技术师、放射技术人员、抽血技术人员、负责送血袋过来的血库人员，当然还有值班待命的关怀师。

通常，在运送病人的过程中，救护车或是医疗急救直升机会通过无线电通知急诊部。这时，急救人员会给医院提供病人简短版的病史，包括病人的基本数据（年龄、有什么问题、发生了什么事）、目前的状况（生命迹象，例如血压、脉搏、呼吸状况，还有体温），以及已经采取的措施（心肺复苏、输氧等）。

如果有需要，医院会给急救人员进一步的指示（给药、开始打点滴），让他们在到达医院之前，能让病人的状况更稳定。创伤小组的所有成员都会协助评估和治疗病人。

当医院发布“创伤代码”时，在急诊部会形成一个由医生和技术人员组成的大型团队，所有成员会穿戴好袍子、手套、口罩，在救护车或直升机将病人送达前，都准备就绪。

当救护车到达的时候，有些急诊部的医生或护理师会到医院外面来接病人，并且协助急救人员把病人移到有轮子的担架上，快速地将病人送入位于急诊部后方的休克／创伤室（Shock／Trauma Room）。急诊部的这个房间，和负责管理、处理非紧急状态病人的检伤分类室（Triage）是分开的。

“白色代码”（Code White）是针对小儿科的急救代码，包括婴儿、儿童以及青少年病人。

一天中，无论白天还是夜晚，随时都可能启动急救代码。虽然针对不同的代码会组成不同的应变团队，但值班待命的关怀师却是所有团队中必备的成员。与一般巡房和病房探视不同的是，当值班关怀师回应各种急救代码时，他的工作主要是针对在这些紧急状态中可能在场的家属。眼看着亲爱的家人被急救、电击，或是被针戳来戳去，对许多人来说都是很难忍受的经历。

Restart Life 眼看着亲爱的家人被急救，对许多人来说都是很难忍受的经历。关怀师的主要工作是照顾这些在紧急状态中在场的家属。

13号星期五的夜晚

对那个被刀刺死的男孩的家人而言，他们的生命与生活再也不可能跟从前一样了。

主任发下这个月的关怀师值班登记表，让我们登记时间。我正想着资格考试，因此完全没有注意到房间里发生了什么事。当登记表传到我手上时，已经在房间里传了一轮。所有的日期都已经被登记了，除了一天：2月13号，星期五。嗯……我希望不要星期五来值班，要不然我就得更改其他已经定好的计划，我心里这样想着。

“有人可以值这天的班吗？”我问道。

没人回答。

“我很乐意换一天值班。”我说。有人看着天花板，有人看着地板，还有人彼此交换着奇怪的眼神。

现在是怎样?

突然，我想到了！但……不会吧？不应该呀!

“13号星期五，是因为13号星期五吗？真的假的！你们都是关怀师啊！要相信上帝，而不是迷信！”

有些人不安地笑，有些坐立难安的样子。

“真是不可思议！好吧，我来值这天的班！”我说，同时把我的名字写上去。我是一个接受科学训练的研究生，在一份以科技为导向的医院工作中，我绝不会对毫无根据的古老传说和迷信让步。

2月13号，星期五。早上8点25分，我准时到达医院，从前一位值班的关怀师手中接过呼叫器。我走下楼到地下室，进入值班室时，看到几个医生在交谊厅那边看电视。刚刚和前一位关怀师交接时，他所说的话还留在我的耳中：“加油，今晚是月圆。”

这段时间以来，我从医生和护理师那里学到的一件事，就是从来不会祝对方有一个“好”班，或是一个“好”的夜晚，因为这样的祝福几乎绝对会带来一个忙碌和无眠的夜晚。“从不例外！”一位在外科加护病房（Surgery Intensive Care Unit，简称SICU）工作的护理长如此宣告过。

月圆，又刚好是13号星期五，这样的概率多低呀！我一边用识别证上的磁条开门，走进写着“值班关怀师”的小房间，一边这样想着。那是一个很小的房间，房内有一张床、一张桌子和一台嵌在墙壁上的电视——几乎像一间大学宿舍。我放下过夜用品袋。突然，我有一种毛骨悚然的感觉……

“拜托，我是关怀师，不要被这种事难倒！”我跟自己这样讲，想要消除心中那种怪怪的感觉。

结果，我们那天晚上有13个创伤病人——创下了医院的新纪录。急诊病患满到让专科医生必须暂时关闭医院的“急重症外伤外科中心”，甚至还需要请一架正飞往我们医院的医疗直升机改道，将病人送到另一个创伤中心去。

美国新泽西州的面积，是台湾本岛的60%左右，只有三家一级急重症创伤中心，而我们中心是其中之一。因此，当我们中心暂时关闭后，这个州就只剩两家一级创伤中心在运作。那天，13号星期五，一直到凌晨4点，我才有机会走回值班室，脱掉外套，钻进被窝里。

结果呼叫器又响起来了。我挣扎着起身，读着那个小屏幕上的讯息："早上4点19分。代码40。地面运送。4分钟。刀刺伤。心肺复苏。"

那是凌晨4点19分，一个创伤病人正要被救护车送来，预计4分钟之后会抵达。病人被刀刺伤，急救人员正在做心肺复苏。我爬起来，快速地穿好衣服。

当我到达急诊部的时候，病人已经到了。他们在休克/创伤室里就直接用手术刀打开了他的胸腔。一把刀插在他的胸口，血喷得到处都是。房间里大概有超过15个人在参与治疗。创伤外科医生看到我，对我挥挥手："来来，关怀师！此时此刻，你也许是唯一可以救他的人！"

几分钟之后，这位创伤外科医生走出来，脱下他的手套。我知道这表示这位病人已经"过期了"（Expired）——这是一个医院中所使用的表示病人已经死亡的词语。

"过期了"，好像在描述一盒过期的牛奶一样。每当我听到这个词语，就会想象我们每个人在日常生活中行走时，额头上都贴着一个使用期限标签的样子。想想，这个词语或许并非完全不正确。

因为这是一起凶杀案，所以需要由警方而非医院联络病人的家属。我走回值班室，穿着外套就睡着了。

30分钟后，我收到呼叫器的讯息，要我到急诊部和家属见面。我正走出值班室，另一条讯息又进来了："我们需要你，马上！"

医生刚刚将这个噩耗告知了这个19岁、心脏上插了一把刀的年轻人的父母。"为了救他，我们在他胸口做了一个切口，但是他的心脏上有一个大洞，我们实在无法修补。"

他的母亲不可置信地大叫。他的父亲，表情一片空白，一滴眼泪也没有。他在外面来来回回地踱步，不希望任何人靠近他。

我努力想挤出一些有用的、有帮助的、安慰人的话，但是脑中一片空白。我走向那位母亲，她紧抓着我，大哭着说："哦，我的天！哦，上帝呀，我怎么能接受？我再也见不到我的儿子了。今天早上他离家的时候，我不知道那居然是我最后一次见到他。"

在清理过死者的身体（胸口也大略缝合了），用布盖上，并且擦拭了房间里的血迹之后，我陪着这对父母去看他们孩子的遗体。父亲慢慢地走过去，看了他儿子很久，然后轻轻地将脸颊放到他儿子的额头上。此时，眼泪不停地从他的脸颊上滑落。

母亲坐在她儿子的身边，握着他的手……

“请为妈妈睁开眼睛，好吗？就算是最后一次。”她开始告诉我：“他真的是我的心肝宝贝，一个非常贴心的孩子。每当他晚上回到家，有时爸爸值晚班不在家，他总是会来看看我，确认我一切都好。”

“他昨天才剪的头发。”她一边用手指梳过他的头发，一边说。

接着，不可避免地，所有的“如果……”都出来了。

“如果当时我阻止他，不让他和朋友出门。”

“如果他晚上打电话给我的时候，我去接他。”

“哦，老天，那时无论他在哪里，我都可以去接他……”

就像一部影片，播放各种可能的结果。她非常努力，想用意志力强迫事实改变，希望这一切都只是个噩梦。

当死者的姐姐冲进来的时候，我正站在创伤室里，面对着门口。她以为弟弟只是受伤，没预料到会有更糟的情况。她看起来很担心，急着要看看弟弟。

母亲看到女儿来了，说：“你弟弟，他已经不在了。”

姐姐看起来很困惑。

母亲一边哭，一边重复说："你弟弟，他不在了！"

我真希望自己当时并没有站在那个位置，这样就不会看到这位姐姐表情的转变过程——从混乱、困惑到失落，到搜寻答案，终于，到了解事实。经过几分钟的沉默，她突然尖叫起来，更像是号哭，是让任何听到的人都会从心底感到战栗的惨叫……然后她就崩溃了，整个人无力地瘫在地上。她持续尖叫着："我弟弟，他们把我的弟弟带走了！哦，天哪，这不是真的，怎么可能？这是我这辈子最惨的一天！"

我和这个家庭中的三个成员坐在一起，直到下一位接班的关怀师前来。

早上8点30分，我值完了13号星期五月圆这一天的班。这真是来自地狱的一次轮班。无论这结论是不是符合科学，我都绝不会再接13号星期五这一天的班。

当我通过旋转门，要离开医院的时候，外面的阳光让我睁不开眼。阳光普照下，我看看四周，让眼睛适应着户外的明亮。外面是个忙碌的世界，人来人往，大家似乎都在忙着自己的事。附近也有孩子在游乐场玩耍。这是美丽的一天，世界显然在继续运转。

我不禁想到昨天进急诊室的病人和家属们。相信他们本来都以为自己今天会像别人一样，早上起床，继续过他们以往的日子。那个被刀刺死的男孩呢？对他而言，生命就到此结束了。对他的家人而言，他们的生命与生活再也不可能跟从前一样了。

Restart Life 大多数人本来都以为自己会像别人一样，早上起床，继续过他们以往的日子。但对有些人和他们的家人而言，生命或以往的生活就到此结束了。

大结局

病人并没有意识，但有种力量将我留下。不知为何，我突然感觉我可能是他唯一的“家人”。

值班室里总是一片漆黑，这样无论白天黑夜，都有助于睡眠。大多数人都喜欢尽量待在值班室，能休息就休息，因为不知道什么时候，急救代码的讯号就会响起。突然，广播声传遍整个医院：“蓝色代码，南楼。蓝色代码，南楼。”当我跳起来开灯的时候，几乎睁不开眼睛。我的呼叫器上显示的时间是凌晨2点30分。

不像医院里大多数的工作人员，关怀师不会穿着刷手服出现。关怀师负责的是人们心灵方面的需求，而人们也似乎对神职

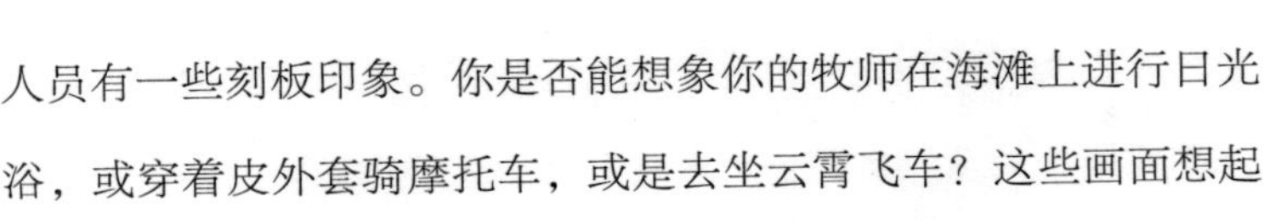

人员有一些刻板印象。你是否能想象你的牧师在海滩上进行日光浴，或穿着皮外套骑摩托车，或是去坐云霄飞车？这些画面想起来就怪怪的，虽然理智上，我们知道神职人员也是一般人。

我穿好衣服，梳梳头发，不让自己看起来太凌乱而吓着人。在走出房间之前，我迅速地看了一眼镜子，再确定一下自己看起来没有太散漫。

南楼就在值班室旁边。相较其他的部门，例如内科加护病房或外科加护病房，这里是给住院时间较长的病人使用的。发出代码讯号的病人所属病房的门上会闪灯，因此要找到发出代码讯号的病房，通常不会很困难。负责回应这个代码的团队，早在我到达之前，就已经到了现场。医学系学生和实习医生在听到急救代码广播后，可能的话，也会放下手边的工作，积极地跑来参与或观看急救。

我穿过由识别证磁条所开启的两扇沉重的自动门之后，马上认出那是特洛伊先生的房间。特洛伊先生50多岁，我在例行巡房中拜访过他，但他从来都没有清醒过。好像没人知道他的情况。他住进南楼已经超过三个星期了，我从没看见过他有访客。

一台载有心电图和体外除颤器的急救推车已被安置就位。急救小组正竭尽所能，让特洛伊先生的心脏恢复跳动。但是，他正不明原因地大量流血不止。这真不是一个好看的画面。血液好像从他身体所有可能的出口向外流出，床单很快就被血浸透了。我知道我可以回到值班室，因为病人并没有意识，而且也没有家人在场。但有种力量将我留下。不知为何，我突然感觉我可能是他唯一的“家人”。

抢救无效后，急救小组的组长宣布了死亡时间。大多数人离开之后，我走向床边。房间看起来像是战场，毛巾、口罩、纸张，还有血，到处都是。有一个护理师留下来清理房间。

所以，他就这样离开了，独自一人，没有亲友。不像电视连续剧最后一集的大结局，他的“结局”一点都不“大”，也不是很精彩。没人知道他是谁，他从哪里来，或者为什么他会独自一人在这里。

可能，他曾经是一位父亲，是某人的兄弟、同事或是丈夫。他可能很富有，也或许很贫穷。他可能是一个好人，也或许是一个大坏蛋。他曾经爱过吗？还是被人爱过？最后，这就是他人生的尽头，就在这里，经由这样一种方式离开了——在一团混乱中，由一群陌生人用近乎暴力的方式尝试抢救他，在一个充满可怕气味，混杂着药品、尿液、血液和消毒水的地方结束了生命。这是一个什么样的结局？

其实想一想，我们每个人会在哪里，用什么方式，有谁陪伴，走完生命最后的路程，很重要吗？这些，在死亡降临之前，可能很重要。但是，当最后的那个时刻终于来临时，每个人都被迫要独自面对，即使有幸被所爱的人围绕，也一样要自己面对。

这是一个不可知、无法想象或预备的时刻，是一个令人害怕、恐惧的时刻。如果这是一个未知的范畴，那我们该如何准备去面对它呢？我不禁怀疑，我们在生命中争取的事物，我们所在意的，让自己全心投入、努力追求，想要完成的梦想和目标，这些是否能帮助我们，让我们在最终被迫要面对那不可避免的时刻时，有所准备？能吗？

Restart Life 我们在生命中争取的事物，是否能让我们在最终被迫要面对那不可避免的时刻时，有所准备？

我……能说什么？

不管因何原因失去婴儿的病人，她的房门上都会贴着一张画了一滴泪珠的小卡片。

感恩节下午，我走进教牧关怀办公室。今天是我值班。晚上没有传统的感恩节大餐，所以我午餐就先吃了火鸡。毕竟，这是感恩节。一位急着结束值班、要去过节的关怀师跟我打招呼，开始交接。

“有什么要特别注意的情况吗？”这是交班时的例行问题。

“没什么吧。”她拿起袋子，开始向外走，然后好像忽然想起有什么事要跟我说，又转过头来说，“哦，只有一件事。在308房有个胎儿死亡，胎死腹中（Fetal Demise）。”

“什么？”在医院里，我有时候会怀疑自己的英文理解力。在这个本就冰冷陌生的环境中所使用的语言和词汇，有时候还真的很没血没泪。“胎儿死亡”或“胎死腹中”，是指胎儿在子宫内死亡，有时候也称为死产。胎儿死亡等于宣告一个婴儿在妈妈的子宫内死去。

我花了一点时间才找到这个病人。关怀师巡房一般不会到这里来，也不常被呼叫到这里来。有些人认为产科是医院中唯一有笑声和喜悦的地方。但是，悲哀的事还是会发生，即使是在这里。

产科体贴的工作人员自行建立了一个系统。不管因何原因失去婴儿的病人，她的房门上都会贴着一张画了一滴泪珠的小卡片。这样，访客和工作人员在进入房间之前，就会被告知和提醒病人的情况。

我进去之前，先敲了敲房门。房间里非常暗，窗帘完全被拉起来了。那位母亲躺在床上，一头长长的棕色直发已被汗水和泪水浸湿，纠结在一起，她的眼睛都哭肿了。她的丈夫坐在床尾，戴着一副金属框眼镜，穿着简单的T恤和牛仔裤。后来我才知道他原本是家族中的开心果——那个永远能让别人笑出来的人。当我和每个人打招呼时，他试着挤出一个笑容，但那是一张极度悲伤的面孔，又试着把脸上僵硬的肌肉拉成微笑的表情，让整张脸看上去相当诡异。双方的祖父母都在场。这个黑暗的小房间里有七个人，但安静得即使有一根针掉在地上，都听得到。

瑞贝卡和汤姆想要孩子，已经超过两年了。

当瑞贝卡终于怀孕的时候，他们真的开心极了。随着怀孕过程的顺利进行，他们的盼望和期待也一同增长。不用说，名字取好了，房间布置好了，婴儿在不同发展阶段会玩的玩具也堆满了房间。而这个孩子，安迪，当超声波测不出心跳的时候，是八个月又一周大。事先并没有什么预兆或警告，这对夫妻今天来看诊，只是为了例行检查。而且在这个预定的例行检查的前一天，他们才和会计师联络，准备见面讨论如何帮孩子设立一个大学教育基金。

“你知道，我们要提早规划，教育开销一年比一年高。”那一天，骄傲的准爸爸告诉他的妻子。

现在，跟同楼层其他即将要成为母亲的人一样，瑞贝卡也要生产了。她和其他所有母亲一样，要经历整个生产过程——收缩和疼痛，也需要用尽全身每一分力量，将这个她期待已久、终于要见面的孩子生出来。但是，她必须要使用药物来催产，而且差别在于，生产过程完成后，她并不会听到孩子的哭声。安迪出生后，将不会有欢呼声、感动的泪水或任何喜悦的庆祝。在这个感恩节的夜晚，瑞贝卡家将一片沉寂。

这时，有经验的关怀师会很谨慎地抗拒一种冲动，一种一定要说点什么的冲动。在这种不知道该说什么的情境下，大部分人都觉得自己该说些安慰人的话。当悲剧发生时，我们是多么容易屈服在这种令人难以忍受的沉默下。

“其实还好，比这更糟的情况也有可能会发生。”

“我知道你的感受。”

“情况会越来越好。”

“你知道，当我遇到艰难的情况，我都会……”

“这是神的旨意。”

“我曾经认识一个人，她怀的双胞胎也死了……”

我还听过最奇怪的话：“这是因为上帝在天堂需要一位天使，所以把你可爱的宝宝召唤去了。”

在这种情况下，急迫地想要说些什么话的冲动，可能反映了我们想要帮助对方的渴望，或是对无助感的恐惧。但是，事实就是，我们是无助的。我们不但无助，而且也无法说出什么话，或做出任何事情，来改善当下的状况，或是让正在受苦的当事人觉得好过一点。大部分时候，我们是无法理解、体会，或是改变这样的悲剧的。

“其实还好。”（好在哪里？）

“我知道你的感受。”（你也曾经历过阵痛，生出一个死婴？）

“情况会越来越好。”（你怎么知道？）

想要说些什么的这种冲动，源自我们自己内心的不安、无助与尴尬。说安慰人的话，会让我们自己感觉好过一些，觉得自己有用一点。但这些话说了，往往不但没有帮助，反而会让对方更伤心、气馁，甚至愤怒，让对方感觉到孤单与不被了解。

我们可以做的，是学习忍受我们自身的无助或无用感，而不是被这些感受所驱使，去说一些不适当的话。在这种情况下，比说话更重要的是与对方共处，是陪伴对方——全心全意地陪伴。与对方同心、同在、同行，比空泛的言语更有帮助。

当对方感受到你的存在的时候，或许你就可以与对方一起承受，帮助对方分担这沉重与无法言喻的悲痛。

双方的祖父母因为心力交瘁，先后离开了医院。我在黑暗的病房中陪着瑞贝卡，坐到她即将生产。那时天已经黑了，但她不想开灯。安迪出生后，他们用呼叫器叫我回到瑞贝卡的病房，为安迪做祝福祷告。

在那个感恩节的夜晚，当我将安迪，这个已经没有气息的宝宝抱在怀中时，我感受到了前所未有的沉重——这个无法实现的梦想、破碎的心灵、流失的爱——沉重无比。

几个星期后，我收到瑞贝卡寄来的一封信。她还在缓慢地恢复中。信中说道："我不记得那晚你说了什么……但我记得，你在我身边。"

偶尔，我看到小孩子惊恐地呼唤母亲的时候，母亲的回应是："我在，我在。"

生命中有许多意义深重的感受与讯息，最有效、有感的传递方式，是与对方共处，而不是使用言语。

Restart Life 生命中有许多意义深重的感受与讯息，最有效、有感的传递方式，是与对方共处，而不是使用言语。

早殇

一个还未开始的人生故事，充满了各种可能性，却出人意料地提早结束。

需要关怀师拜访的转介申请，有的是从病人或家属那里转来的，但大多是从护理师那里转来的。在看过全部资料之后，我决定去拜访一个病人，这份希望关怀师拜访的申请，是由病人的朋友提出的。看看病人的病历表，事先了解一些病人的背景资料，对我来说很有用。爱莉森，20岁，因为癌症扩散而住院。她的宗教背景栏中，简单地写着“基督教”。

电梯门在肿瘤科楼层打开了。除了从不同仪器中发出的哔哔声之外，这里很安静。有一些人聚集在爱莉森的病房周围，当我走近时，他们让路给我过去。在自我介绍后，我快速地扫视了一下房间。这是一个相当大的房间。我从来都不是很会与陌生人交谈，现在一次见到这么多不认识的人，且必须与他们互动，更让我非常焦虑。

现在的重点不在我，我提醒自己，也不在我如何应对自己的不安。现在重要的是，要在这里专心与病人和家属共处。

我深深地吸了一口气，这一次，我慢慢地看了房间一圈，试着和大家有眼神接触，并且一一对每个人轻轻点头。离爱莉森最近的，是一位优雅、穿着蓝色洋装的黑发女性，40多岁的年纪。她看起来很累，但是很平静。站在她旁边的，是一位年纪稍大的男性，穿着正式的白色衬衫。他看起来很激动，甚至愤怒。

“关怀师，谢谢你过来。”那位女子说，“这是爱莉森，医生说她时间不多了。”我看着她的双眼，里面藏着的是深切的悲哀。

“田中太太？”她点头。然后，我看着她旁边的男士：“田中先生。”他和我握手。

我弯下身来，触摸爱莉森的额头：“嘿，爱莉森，我是关怀师。”即使借着氧气罩来帮助呼吸，她的喘息声还是非常大。她头上只剩几绺头发。她慢慢把眼睛睁开一点，看着我。瘦削的脸颊与尖锐的下巴，使她的眼睛显得好大。她的体重应该只剩不到30公斤。然而，当她每一次用力地吸气时，我仍然可以看到她眼中挣扎的迹象。

对爱莉森和她的家人而言，关怀师代表的是什么？是上帝吗？如果他们相信上帝，那他们心中一定有千千万万个问题！

“爱莉森是个好女孩。”田中太太说，“她在学校是资优生，主修新闻，还是游泳队的队长。她真是个很棒的孩子！”眼泪开始源源不绝地顺着这位母亲的脸庞流下。田中先生很明显地表现出难受与无奈，离开了病房。

“我们是一个关系紧密的大家庭。”这时，另一个家族成员开口了，她坐在床尾。一个美丽的女孩，有一头闪亮的深色长发。“我们是双胞胎，爱儿和我，”她微笑着说，“同卵双生。”

双胞胎？这令我相当震惊，顿时我成了那个呼吸困难、需要大口吸气的人了。但此时，我吸进来的好像不只是空气，还有医院的消毒药水味，以及不流通的沉闷空气，让我觉得恶心。她们怎么可能是同卵双胞胎！我看不到一点相似之处！是的，爱莉森所剩的时间不多了，在她生命的最后时刻，她看起来跟之前的自己或许有天壤之别。

“哦，她是个勇士……但是……她现在很痛、很痛……”爱莉森的双胞胎姐妹说。

“关怀师，你可以为爱儿祷告吗？”田中太太客气地问道。

我们一起牵着手，围了一个圆圈。田中先生走进来，加入我们。

当我们祷告完毕，接着而来的是沉默的时刻，只有不同家族成员发出的啜泣声稍稍打断了这个沉默。我睁开眼睛，看到心电图屏幕上显示出非常低的数字和几乎水平的线。一个护理师进来检查爱莉森的生命迹象，然后宣布她已经不在了。田中太太转身抱着我，开始哭泣。

“她现在去了一个更好的地方，是吗？”她问，“她现在和上帝在一起。她不再受苦，也不用承受任何疼痛了，对吗？”

“是的，是的，你说得对。”我一边紧紧抱着她，一边轻声地说。

他们并不质疑爱莉森会去哪里。他们没有问我理由：为什么？为什么一个美丽、正值青春年华、20岁的女孩，有着光明远大的前程，要那么早就离开？为什么她是经由这种方式死去？为什么是这样痛苦的死法——对她和她所爱的人，都是如此痛苦与难以接受？他们什么都没有问。取而代之的，是相信。他们相信，爱儿和上帝在一起，而这是一件无比美好的事。

面对死亡从来都不是一件简单或容易的事，无论是谁，在何时、何处、如何死，面对它，都不容易。然而，当死亡毫无预警地到来时，会更令人措手不及。当死亡发生在“最不应该走”的人身上的时候，尤其令人难以接受。

这是一个心理学现象。意外的悲剧会引发人们一种特别的情绪，这个说法在亚里士多德时代就已经被提出来了。在亚里士多德的《诗学》中，他强调，当我们目击意外的悲剧时，会产生悲悯和恐惧的感觉。这种悲悯或同情，还有恐惧，照理说是反映了人性中的善，以及人类经验中的恶。同情，可以联结受苦的人，使他们觉得不孤单；而恐惧，是把无法预料未来的人团结起来。亚里士多德甚至认为，这些情感都属于痛苦的一种（species of pain）。

近年来，“谴责受害者”的心理也反映了我们需要解释生命中的悲剧为何会发生，以及悲剧会发生在谁身上的心理需求。我们觉得受害者一定是做了什么，才会遇到这样的事，所以受害者自己要负责；甚至认为悲剧是他们应得的结果。例如，被性侵的女子，可能会被批评因为穿着暴露，行为不检点，才会被性侵。不然，如果坏事也会发生在好人（像你我一样的好人）身上，那么，有什么事可以防止厄运降临到我们身上呢？因此，我们必须坚信，惨剧只会发生在坏人身上，我们才是安全的。

爱莉森根本还没有真正开始探索生命，发觉自己的潜力，以及经历人生中无限的可能——这些，她都再也无法知道了，至少不会在今生今世知道。一个还未开始的人生故事，充满了各种可能性，却出人意料地提早结束。我心中，感受到亚里士多德所描述的那种独特的痛楚。

Restart Life 当我们目击意外的悲剧时，会产生悲悯和恐惧的感觉，这感觉反映了人性中的善，以及人类经验中的恶。

结婚证书

如果失去了与她相处30余年的老伴，她的生命又将如何？毕竟，她并不是他的妻子。

“早上10点17分。急救代码40。一楼。10分钟。腹部刀伤。”

当我走进一号创伤室时，听到一个老人在呻吟。他看起来又瘦又苍白，而且身上有很多血。创伤简报板上写着：“腹部刀伤，自伤。”这时，呼叫器又响起来了，来自急诊部柜台的讯息告诉我，这个急救代码40的病人的家属在咨询室里。我花了一点时间才找到咨询室，因为他们最近翻修了急诊部的这一区域。我走进房间时，一位护理师跟我说：“祝你好运。”通常，家属都是在这个房间里被告知不好的消息。进入房间后，我看到一个老妇人坐在沙发上。

“哈喽，我是关怀师May。你是法瑞太太吗？”

“法瑞纳，后面有个‘纳’。而且，我们并没有结婚。”

“哦，那今晚发生了什么事？”我在她旁边坐下。

“嗯，一开始我们一起看球赛。后来我觉得好无聊，所以就到我的房间去看别的节目。我通常不会让他离开我的视线。突然，我发现外面很安静，没有电视的声音——他平时没关电视就会睡着。我也听到他发出一点呻吟。所以我出来查看，然后看到床单和毯子上有血。我打电话给急救人员，他们几分钟之内就到了。”

“他还好吗？情况很糟糕吗？”法瑞纳太太急切地问。

“我刚才看到他了，他看起来意识清醒。医生和护理人员正在尽力抢救。”我尽量简洁地回答。

这位妇人看起来相当冷静，并不慌乱。

我继续询问：“你还好吗？当时的情况一定很吓人。”

“其实，这不是他第一次这样了。之前已经有两次了。割腕，还有其他的。他两天前才出院。自从那场意外之后，他就变得非常沮丧。他本来是很活跃的。”

“他看过任何精神科医生，或是吃抗忧郁症的药吗？”

“不，不可能的。他不要看精神科医生，他不愿意。但是，他在吃克忧果（Paxil）[①]。”

“他现在问题很多，”这位女士继续说，“包括血小板太低；他也在吃治那个的药。”

“你跟急救人员说过这个吗？”

“我不记得了。”

“好。我还是去确认一下，确定医生知道这件事。”

我回到创伤室，告诉医生们。然后我问他们，有时间的时候，是否可以出来跟家属简短说明一下情况。他们同意了。

我回到咨询室。这次，老妇人好像处在一个恍惚的状态——独自坐着，瞪着墙壁。

“他们还在处理，有进展会尽快跟你说。你刚才提到他之前非常活跃？”

“是啊，他以前每天要游3英里（约4.8公里）泳，跑2英里

① 一种镇静催眠、抗焦虑的药。——编者注

（约3.2公里）步。你知道吗，我们就是在游泳的时候认识的。”

“真的？你们在一起多久了？”

“超过35年了。我们之前都离过婚，后来才认识。”

“哇，35年！这么长的时间，你们从来没想过要结婚？”

“不用吧。有时我想，我们至今还在一起，可能正是因为我们没有正式结婚。如果我们结了婚，应该会离婚吧。他今年77岁，我80岁了。”

“真的，你真这么认为？你们看起来都不像有七八十岁啊！你刚才说他一直都很活跃，直到他出意外？”

“是啊。那时他在海里游泳，突然被大浪打到，造成脊椎骨折。我接到医院的电话通知：他从脖子以下都会瘫痪。虽然后来他的情况有一些改善，康复训练后有一点进步，但还是只能靠助步器走路。之后，他在健康方面又陆续出现其他的问题。最近，他一直说他不想活下去了。前几天，他居然叫我走……这真是伤我的心。虽然我尽量不在他眼前出现，但我还是想在他旁边，万一有需要，我会在。一般的杂事，我都在凌晨4点就开始处理，才有办法在他醒来之前回到家。”

“你很担心他的状况。想一起为他祷告吗？”

“不用。我太焦虑，太紧张了。”

“我了解。”我说，“我觉得他真的很幸运，有你在身边。你一定很爱他。”

“谢谢你。到了我们这年纪，爱的成分没有那么多了，较多的是关心。你是知道的，我之前离过婚，因此在天主教的传统里，我不可以再次在教堂里结婚，甚至不能去教堂领圣餐。”

我想了一下，然后说：“你知道吗，我想上帝是不会介意这些的。”

“我也是这样想的。我想上帝是爱我的。”

“我也这么认为。”

一个小时过去了，没有人来。我回到创伤室，被告知病人已被送去做计算机断层扫描了。当我表示希望有人去对家属做个简单说明时，得到的回答是：“她不是他的太太。”

我对这样的反应感到错愕，一下不知如何回应，心想还是回去看看老太太再说。路上，一位护理师跑来问我：“你知道他的家属在哪里吗？”

我说：“她已经在这里超过一个小时了，而我一直在问是不是有人能来看看她，跟她说一下近况。”终于，这位护理师愿意和我一起去。但是我很快就发现，原来她来见家属，是因为需要一些病患的保险讯息，而不是因为她想要协助家属。

我留在咨询室，跟老太太简单说明有关断层扫描的事。看到她独自一人，在这种情况下，脑子难免会开始乱想，且通常会往坏处想，我就坐下来跟她聊天，分散她的注意力。

“你刚才提到，你以前也是个游泳健将，是吗？”

“是啊，我还得过奖牌呢！”

看着眼前的老太太，我实在很难想象她年轻的时候是怎样的相貌。

“真的？你还做过些什么呢？”

“我也很爱跳舞，还参加过舞蹈比赛。”

“哇，你都跳哪种舞？”

“什么舞都跳。探戈、华尔兹，你听过的各种舞，我都跳过！”

“原来你是一个爱开派对的野女孩！”

她笑了。

“我还曾经在湖里潜水，或是到各种地方潜水。那时我应该14岁了吧。然后，我接手了母亲的外烩事业，同时兼做很多不同的工作。"

我细细地看着她满是皱纹的脸和发光的眼睛。她曾经14岁，曾经年轻，也曾经疯狂过。

"你叫什么名字？"

"茉莉。他的名字是温斯顿，但是我叫他温斯。"

"好的，茉莉，他可能还要一会儿，你要在这里等吗？"

"是的，我会等到他们做完所有的检查。我还是想留下来陪他，等到他们让我见他。"

"好，那我去看看现在怎么样了。"

我回到创伤室，问他们茉莉应该怎么办，是要在这里等候还是怎样。他们告诉我，病人已经被送到手术室进行手术了。

"他们不需要家属签字吗？"我很震惊，这件事没有通知茉莉。

"要啊，可她并不是他的妻子。所以，手续就由医院行政授权了。我们需要联络法定关系上与他最亲近的亲人。她有没有提到病人有两个姐妹？"

又是这句话——她不是他的妻子。

我回到咨询室。

“茱莉，医生认为温斯顿需要动手术。你记得他姐妹的电话号码吗？”

“不，我不记得。我离开家的时候，忘了带着。但是，她们跟我们并不是很亲。等她们起床后，我会打电话过去，让她们知道情况。温斯进出医院的时候，通常所有的东西都是我签的字。”

都是她签的字？我问：“茱莉，你有授权书（Power of Attorney，简称POA）吗？”授权书是法律上可以让人代行另一个人权利的文件。

“哦，对！你提到这个，真是太好的提醒了。我通常是签他的名，然后把授权书附上。”

“好。既然你要等他，干脆跟我一起到手术等候室。那里稍微舒服一点。”

我带她到手术等候室，房间里很黑，刚好没有别人。我打开电视给她看，然后跟她说，可能还要几个小时。我又跟她说电话在哪里，有需要的话，她可以打总机，帮她呼叫值班关怀师。

随后，我出去打电话给手术室柜台，拜托他们，手术后请人来跟茱莉做说明。

“嗯……可她不是他的妻子。”又是这样的回应。

我实在无法忍受。

“好，你们一直这样说。但我告诉你，他们已经在一起超过35年了，如果真要说，那么根据普通法（Common Law），她就是他的妻子。此外，她还有授权书。她现在在手术等候室，拜托，请在手术后派个人来跟她说明情况！”

“嗯……新泽西州的法律并不承认普通法配偶。但是，好吧，我们会跟她说明。”

凌晨2点30分，呼叫器又响了起来。

“急救代码40的那位女士要见你。”

找我？不知道有什么事。温斯顿的情况好像不是非常严重，而茉莉看起来也相当镇定。也许温斯顿已经做完手术，她要先回家了，只是想跟我说再见。

我想着，如果不去，应该也还好吧。我好累。但是，我辗转反侧，再也睡不着了。在极度疲累的情况下，我一边起来穿衣服，一边找床边放着的人工泪液，滴在又干又红的眼睛上……然后慢慢走向外科手术等候室。

我看到茉莉的眼中充满泪水：“医生说，他不行了。”

什么？“你确定吗？”我不可置信地问。

“是的，我看到他了。他看起来很苍白，而且整个人是浮肿的。我亲吻了他，跟他说了再见，说我爱他。”

“他们给他动手术了吗？”这结果真令人难以接受，我以为情况并不严重。

“哦，我不知道，也忘了问。你可以帮我弄清楚状况吗？”

“当然！”

我们来到护理站。一位护理师跟我们说：“你们不能在这里。”

“她是他唯一的家人，她必须在这里！”我说。

这时我们才得知，病人的确动了手术，但是他们无法止血。根据诊断刺伤的结果，刀伤穿过了温斯顿的胃、肝脏和胰脏。

呼叫器又响了起来：“蓝色代码，外科加护病房。”这一定是他，温斯顿。

“茉莉，现在有些状况——”

在我继续说下去之前，她打断我说：“我知道，在这个时间点，他的关键时间不是几天，而是几个小时。”

我走进外科加护病房，看到他们在进行心肺复苏；温斯顿的心脏应该已经停止跳动了。

当我看到监视器上出现一条水平直线时，我听到有人说："谁要来宣布？你已经宣布了吗？"

然后，监视器上又出现了波形。

"哦，"听起来似乎有些失望的感觉，"看来我们还不能宣布。"

我走出来，告诉茉莉，温斯顿，或是温斯，他的状况很危急，我问她是否想再见他一面。

她抬起头，挺直背，眼睛一眨也不眨地看着前方，说："不用了，该做的我都已经做了。"

茉莉身心俱疲，决定先回家休息。当我陪她走出去时，她用颤抖的手拿出一张10美元的纸钞："给你带来这么多麻烦，这是一点点心意。"

看着她手上的纸钞，我有点不知如何回应，试图用心体会当下的情境。哇，莫非这是我做关怀师以来见到的第一笔"小费"？当然，我婉拒了。我与茉莉一同走到医院大门口，送她上了出租车。

这是一个怎样的夜晚。

一个80岁的老妇人，在折腾了这么久之后，要回到满是血迹的住处。她要如何面对？即便她回去后能休息一下，甚至小睡片刻，度过今晚，明天她又如何能再回来看温斯顿？如果失去了与她相处30余年的温斯顿，她的生命又将如何？

毕竟，她并不是他的妻子。茉莉是否为温斯顿的法定配偶，这很重要吗？

结婚，也是一种授权

婚姻制度到底代表什么，具有哪些意义？当上帝创造亚当和夏娃的时候，他们也像我们现在这样，由牧师或是治安法官主持特定仪式，让他们成为法定夫妻吗？或是亚当和夏娃签署了哪些特定文件，以见证他们神圣的婚礼吗？

茉莉和温斯顿没有举行正式结婚仪式。在法律上，茉莉是有合法授权书的，这可以让她行使大多数法定夫妻享有的法律权利。但是在宗教和法律之外，婚姻这个概念，还有社会和心理层面的意义。社会如何看待合法和不合法的婚姻？在茉莉的例子里，虽然有授权书授予她法定的权利，在现实生活中，她也扮演着温斯顿妻子的角色，但是在其他许多方面，她却没有被视为一位妻子，也没有得到一位妻子该得到的待遇。就眼前的事件来看，她不是家属，无法进入医院有管制的加护病房，无法在手术同意书上签字授权，医院的工作人员显然也不把她当成温斯顿的配偶看待。

在即将失去温斯顿的时候，茉莉是否为他的法定配偶，是否为他的妻子，很重要吗？虽然对失去配偶或未婚伴侣的人而言，他们内心的感受可能是类似的，但是外在世界对失去未婚伴侣或配偶的人，并没有给予相同的宽宏待遇。人们大都会认为丧偶比较严重，会给予丧偶的人较多的关怀、安慰，甚至同情。因此，失去伴侣时，未婚与已婚的人所得到的社会支持很可能是不相同的。

试想，我们要向公司请假来照顾家人，请假理由是照顾配偶，或是照顾女友或男友，外人对这个请假理由（甚至正当性）

的看法会相同吗？我们放下工作来照顾伴侣，难道比照顾我们的丈夫或妻子更不合法吗？失去对方时，我们哀痛时间的长短会有所不同吗？

无论我们对婚姻的看法如何，我们必须屈服于这个事实，在宗教、法律、社会以及心理层面上，合法配偶和不受法律承认的伴侣并没有被同等对待。而这种区别，有可能在我们最脆弱的时候扮演关键的角色，造成不同的后果。例如，是否能见对方最后一面，或者是否能及时签下手术同意书、授权书，决定是否要拔管、进行人工喂食或急救……

爱情、感情，或许不需要法律上的公证，或任何正式文件的证明。但是在人们所组成的社会里，并不是只要两人世界中有彼此的见证就行得通。无论我们对婚姻制度的看法如何，对它存在的意义是否有质疑，它对我们实际生活的影响都不会减少半分。

Restart Life 无论我们对婚姻制度的看法如何，对它存在的意义是否有质疑，它对我们实际生活的影响都不会减少半分。

什么是关怀师？

我们跟一般的医疗人员不一样，不穿刷手服或白袍，然而我们总是和值班待命的医生一起，待在值班室里。

我正要咽下第一口从附近的中餐馆买来的外卖，呼叫器就响了起来。上面写着“2374”，是急诊部的一个分机号码。

“哈喽，我是关怀师May。”

“嘿，关怀师，我是急诊部的安，我们很需要你过来。有个家属快崩溃了，我们真的需要你马上来这里。”

一个家属在急诊部快要失控了——这是关怀师负责的工作吗？

我应该扮演关怀师的角色，还是心理学家、临床心理医生的角色？无论是哪一个，我想，我都应该去看看到底发生了什么事。

我用识别证刷开创伤室的门。当这扇向两边滑开的自动门大大地打开的时候，我看到走道上有一个年轻女孩，站在医疗室外面，尖叫大吼着。她被好几个工作人员围着。

在走向这个女孩的途中，我请一个工作人员帮我找一间急诊部附近目前可以使用的咨询室。确定有房间之后，我走过去，对这个女孩大叫一声："嘿！"

女孩顿时停止尖叫，转过头来看着我。我好像引起了她的注意——当大家都在想办法让她安静下来的时候，忽然有人叫得比她还大声。她看起来在生气，但是其他方面似乎都还好，没有流泪，或是表现出绝望无助的样子。

她约莫16岁，瘦瘦的，不高，留着长长的深褐色头发，有着修长的眉毛和大大的眼睛。我快速地把她从头到脚看了一遍，注意到她没有穿鞋，只穿着厚厚的白色运动袜。

"我是关怀师May。我知道你有些需求，但是你必须停止大叫，冷静下来，然后跟我说你要什么，好吗？"

"好啊！我只是需要用电话，打电话给我的亲戚，告诉他们我爸爸发生了什么事！"

"听起来这是很合理的要求，应该没什么问题。好，你跟我来吧。”

她看起来有点吃惊，同时还有点戒心。她慢慢地跟我到了咨询室。“我可能需要打长途电话，你知道吗？”她说，好像在测试我。但她已不再大叫了——真是感谢上帝！

“没问题。”我说。我接通总机，表明身份后，请他们帮我接外线，并告知要打长途电话。我把电话交给她：“给你，打你需要打的电话吧。我就在外面，好吗？”

她点头，但是从她的眼神来看，她仍然不信任我。

我出去了解病人的相关讯息，也就是这个女孩的父亲。当我走进创伤室的时候，医生正在进行心脏电击。病人的嘴唇上方留着修剪整齐的小胡子，他的脸色发青。看起来真不妙，我想着。

“什么情况？”我问护理师。

“他被911的救护车送来。到达的时候，心跳已经停止，但是我们又让他恢复心跳了。”一个医生加入讨论：“他的心电图看起来很糟，我们好像无法让他的心跳恢复正常模式。”

我在那里站了一下，然后走回咨询室。进门前，我敲了敲门，那个女孩刚刚讲完电话。她挂了电话之后，我在她对面坐了下来。

“你需要什么吗？水吗？”

她摇摇头。

“你叫什么名字？”

“艾美。”她用我几乎听不到的声音说。之前大声吼叫的力气，一下子都不见了。

“艾美，今天发生了什么事？”我看着她的眼睛。她看起来防卫性没有先前那么强了，取而代之的是迷惘。

“我们几星期前刚从印度回来。一切都好好的……嗯……其实也不是都好好的——我父母常常吵架，他们要离婚。我爸爸，他最近压力很大。我好害怕。”泪水瞬间充满了她的眼睛，“最近，只要我做错了什么事，他就会说：‘如果明天我死了，你就会后悔。’而且他最近常常胸口痛。你觉得他会有事吗？”

“我不知道，艾美——”我的呼叫器又响了起来，是急诊部。“艾美，你留在这里，我马上就回来。”

我快步走到护理站，被告知艾美的父亲刚刚过世了。艾美是唯一来到医院的家属，而医生需要通知她这个消息。我要求他们先让我和艾美说一下，只是想让她有点心理准备。

我回到咨询室，这次，我在她旁边坐下。

“艾美，记得刚刚到医院的时候，那些帮忙急救你父亲的医生吗？”

她点点头。

“他们想跟你说一下你父亲的情况，可以吗？”

她立刻提高警觉，坐起来，挺直背，然后说：“好。”

主治医生进来，告知她这个消息：“我们努力地抢救……但他的情况实在太严重了……我们已经尽了最大的努力，最后还是无法救回你的父亲……”

在整个说明过程中，艾美表现得冷静理智，一反刚才暴跳大吼的失控状态。事后，她说有些家属正在赶来医院的路上，她要求在其他家属到达之前，不要打扰她。在我离开之前，我把手放到她的肩膀上，我们看着对方。我向来都不太会应对小孩或是青少年，但此时此刻，我觉得我们领会了彼此的心意。

我回到值班室旁的休息区，拿起早已冷掉的外卖，但再也没有胃口了。艾美的事件中，有些事让我感觉不太对劲。什么样的父亲会跟女儿说“如果明天我死了，你就会后悔”？

是哪里不对劲？我沉浸在思考里，搜寻答案，不知道过了多久，直到我又被呼叫器的哔哔声拉回现实。休息区的医生看了看我。关怀师有时候会感受到一些异样的眼神。我们跟一般的医疗人员不一样，他们也不太知道我们的工作内容，要如何融入医院这个大环境。我们不穿刷手服或白袍，然而我们总是和值班待命的医生一起，待在值班室里。

我被叫到急诊部。这时，艾美的许多亲属都到了。艾美又失控地大叫起来——这次还加上不断地乱踢。所有人都在大哭大叫，而且更多的家属还在赶来的路上。

护理师说，艾美一直在叫着要“那位穿黑色套装的女士”来。当我到达急诊部时，所有咨询室都在使用中。通过一位好心护理师的协助，我得以将艾美带到急诊部外面的一个空病房里。

房间里有点暗。这是美国东岸秋天的黄昏，已经有些凉意。透过窗户可以看到太阳正在西沉，外面大部分的树叶都已经掉了。艾美关起房门，扑倒在床上，满脸都是泪水。

“我不想和那些（亲）人在一起。他们什么都不知道，还老爱跟我说应该怎么做。他们什么都不知道！”

“艾美——”

“我爸爸，他本来要带我去看大学的。我明年要上大学，他要帮我决定去哪一所，我们所有的行程跟时间都安排好了。现在怎么办？我应该早点打911的，我不应该听他的。”

不应该听他的？

“艾美，今天到底发生了什么事？前因后果是什么？”

“我爸爸胸痛已经超过一个星期了，但是他一直说没关系。今天早上，他从房间里叫我。我进去后，看到他呼吸很困难，他说他胸口痛，要我帮他揉揉背。我照做了，可是状况没有改善；他的脸色也变了，然后开始呕吐。他要我帮他拿一个桶来让他吐。我很害怕，跟他说我要叫救护车，但是他说：‘还没到时候，我知道情况，我会跟你说什么时候该打电话。’我好害怕。他的脸色越变越黑，然后就不能呼吸了。我开始哭——就是在这个时候，他指着电话，要我打911。我跟爸爸一起坐救护车来医院，那时弟弟和妈妈都还在家。”她从床上坐起来，双手抱着膝盖，背靠着墙壁。

整件事情听起来很奇怪。但这不是追查细节的时候，无论是时间、地点还是我的角色，都不适合仔细探究下去。

“你怪你自己当时决定照爸爸的意思做吗？”

“我不知道……”

“我想，在这样的紧急状况下，想要不听父母的话是很难的。通常，他们比我们更知道该怎么办。”

“没错。而且我爸爸，他是一个教授——他很博学，知道很多事情。他也是唯一关心我上大学的人。这就是为什么他会帮我约好时间，去造访这些大学。”

“真的吗？是这样啊！他是哪方面的教授？”

“毒理学。”

毒理学，研究毒物？我脑中突然闪过什么，整件事情好像清楚了一点。

“拜托，我可以待在这里，不跟他们一起走吗？”艾美几乎是用祈求的口吻问道。

“艾美，你还未成年，所以没有家人的监督，你是不能独自留在这里的。”

正当我们在交谈的时候，艾美的亲属走进来找她，催她和他们一起离开医院。看着她眼里充满泪水，穿着白色运动袜当鞋子，被家人带出病房时，我心里感到非常纠结。我真的不忍心，却无能为力……

艾美走出房间，突然像想到了什么，回过头来问道：“May，什么是关怀师？”

身为关怀师，今天我没有跟艾美一起祷告，没有谈论神。但是，我们有了交集，有了互信，有了分享，一起承担。经过这一切，她知道要找我，却不知道关怀师是什么。

看着她，我想要挤出一个笑容，却只有苦笑。

“关怀师，就是你的朋友。”我说。

艾美走过漫长、看起来干净无菌的急诊部长廊时，不断地回头看。我看着她消失在巨大的双扇门后，一心想着：但愿我能帮上忙，但愿有些什么事是我可以为她做的。

几天后，我得知，艾美父亲的死亡有些怪异和无法解释的现象，因此医院要求解剖验尸。艾美的母亲一开始不愿意这样做，但是艾美想办法说服了她的母亲。我相信这不是一件容易的事。想想他们的家庭文化和背景，在印度，以艾美的年纪，以及她在这个大家庭中的地位，想要说上话可能都有困难，更不要提说服长辈同意解剖验尸这种事了。

艾美是一个非常聪明、独立的年轻女孩。我不知道事情后续的发展如何，但是我相信艾美已经准备好，也有能力去面对她父亲最终的解剖结果。

Restart Life

身为关怀师，我没有跟当事人一起祷告，没有谈论神。但是，我们有了交集，有了互信，有了分享，一起承担。关怀师，是你的朋友。

一名侦探

即使你不会说对方的语言，似乎也可以在心灵上有某种程度的感应。

那是一个还算安静的星期日下午，呼叫器响了起来，屏幕上显示着急救代码40（创伤代码）的讯息。一个男性病患，30岁左右，因为被刀刺伤而送到医院。他几乎没有意识，除了微弱的呻吟和哀叫之外，他无法对我的问题做出任何回应。病人到院不久，一位家属便冲了进来。她个子不高，跟病人差不多年纪，有着及肩的黑发。她一脸惊慌，看起来不知所措，这是很可以理解的。

医院是一个令人害怕的地方，尤其是急诊部后方的休克／创伤室。医生和护理师们通常都穿着刷手服或手术袍，如果正在治疗病人，很多人还会戴着口罩和手套。人们可能会听到从房间里传来的尖叫声，或是从停置在走道的轮椅、担架或带轮推床上传来的软弱呻吟。从各种仪器中发出的不同音量、频率、节奏的哔哔声，几乎可以形成一首独特的交响乐。这还不包括医院内部白色的背景和医院的气味。我想，这气味应该是由消毒水和酒精混合在一起的“干净”的味道。如果你去过医院，就应该知道我的意思。然而，这种“干净”的医院的味道，有时候是很令人难以忍受的。不幸的是，人们常常在身体、心理、情感或生命最脆弱的时候来到这样的环境里。

“有人会说西班牙语吗？可以找个会说西班牙语的人来吗？”一位工作人员喊着。

西班牙语在美国算是使用较普遍的语言，应该不会有什么问题吧，我想。同一时间，当创伤小组在治疗病人的时候，那位家属站在门外，缩在角落，生怕挡路的样子，看起来很迷惑和害怕。这时，无法用语言沟通会让整个情况感觉更糟糕。我走过去，拉了两把椅子，做出手势请她坐下之后，我也在她旁边坐了下来。她无助地看着我，想要说些什么。

我的脑中闪过很多问题。病人是谁？和她是什么关系？发生了什么事？谁用刀捅了他？如果是打架，接下来会不会有更多的人被送到医院？

医生和护理师的声音从治疗室中传出来。

“嘿，不要睡，保持清醒，看我这里！”

“先生，你叫什么名字？”

“你现在在医院，我们会照顾好你的！”

“我们知道他的名字了吗？有任何讯息吗？有驾照吗？他目前在吃什么药吗？有过敏史吗？看在老天的分上，给我找个会说西班牙语的人来！”

我走进治疗室去了解病人的最新状况。他的刀伤不严重，看起来应该没有什么问题。只是他们对病人一无所知。通常，病人来到医院，口袋里都会有一些随身物品，像是皮夹或手机，一些可以用来确认他们的身份，了解他们情况的东西。但是，这个病人什么都没有。

我走回家属那里。她看起来好像急着要跟我说些什么。我看着她的眼睛，扬了扬我的眉毛，把我的眼睛睁大，微笑——非常努力地做出一副让她安心的表情。

“看起来他应该没有什么大碍，不用担心。”我用手臂环绕着她，试图传递一种有盼望和令人安心的感觉。她看着我，我不确定肢体语言的沟通是否有效。但她好像还是想跟我说些什么。

接下来，我尝试用手势表达比较复杂的问题。我指着病人，在空气中比画着各种不同的箭头或线条：“他叫什么名字？”“他是你的家人吗？”我从来没有玩过“比手画脚”的游戏，现在好像也不是开始学习玩这个游戏的好时机……

“Robo（西班牙语，抢劫或偷窃）！”现在她看起来很烦躁，很受挫折。我们需要的西班牙语翻译到底在哪里呀？

“他——叫——什——么——名——字？”我再一次指向病人。这次，我试着又大声又缓慢地把问题说清楚，好像这样就会让她听懂一样，真的很傻。

好比你不懂希腊语，有人试着用很大的声音和超级慢的语速喊出一个希腊语句子，你会更容易懂吗？问题是你不懂那种语言，又不是耳聋听不到，或是人笨跟不上语速。所以……比手画脚不是我的强项，而西班牙语更不是我会的语言，我还能做什么呢？指物说事（show-and-tell）吗？也许可行。

我拿出皮夹给她看，一边指着病人，一边再次扬了扬我的眉毛，这次我在脸上放上一个大大的问号——至少，我希望能做出一个像问号的表情……

一看到皮夹，对方就产生了很强烈的反应。她指着病人，然后从我手中拿走皮夹，比着手势要把皮夹塞到她的口袋里，演得好像她手里有把刀，然后她“刺”了我，转身，手臂向上挥动，看起来像是“走了”“离开”“跑走”的意思。

啊！这有可能是一起抢劫案吗？她的表演步步到位，好一个指物说事啊！

之后，我找到了送那位病人来医院的急救医疗人员，在他们离开医院之前，我得以询问当时的情况。

他们告诉我，他们是在离医院不远，几条街以外的一家洗衣店接到这个病人的。因为这是一个刀伤病人，所以警方也得到了通知。从医院和犯罪现场距离不远来判断，犯罪嫌疑人可能还没跑远——特别是根据之前病人家属的指物说事所表达的是对方“跑走了”，而不是“驾车逃逸”。我们将这种可能性告知了警察，警察很快呼叫了更多的警力支持，来搜寻抢劫案犯罪嫌疑人。

当我正打算走回病人家属那里的时候，我的呼叫器再次响起。我必须赶到内科加护病房，去探访一个濒死的病患和他的家人。刚才那位说西班牙语的女士正要进入治疗室去看望病人，我们两人隔着走道看到了彼此。她也看到了我和警方说话。她看起来已经不那么激动了；当她向我挥手时，脸上甚至出现了笑容……她对我挥手，是跟我说再见的意思吗？还是要说“哈喽”或“谢谢”？无论如何，她是微笑着对我挥手。

那天稍晚些时候，我听说警方抓到了一个在附近洗衣店抢劫又刺伤他人的犯罪嫌疑人。我觉得很神奇。自己只是和一个需要帮助的人在一起，在场提供协助。这时，即使你不会说对方的语言，似乎也可以在心灵上有某种程度的感应。

用心与对方共处，常常会有一些预料不到的结果，无论结果如何，总是会让双方印象深刻。

这一次，我不是一个关怀师，倒更像是一名侦探呢！

Restart Life 用心与对方共处，常常会有一些预料不到的结果，无论结果如何，总是会让双方印象深刻。

观察员

女性之间的友情很特别。这种关系是很独特的，和其他任何一种关系在本质上都非常不同。

凌晨2点30分。我刚刚忙完一位创伤代码病人的事情，正要走回值班室时，看到一个老妇人坐在走廊的长椅上。这是一个气温零下十几度的寒冷冬夜。在先前那位病人的状况稳定下来，被送到楼上准备动手术之后，整个急诊部顿时安静下来。这场忙乱过后，在显得极其冷清的急诊部走廊上，我发现这位满头白发的妇人独自坐在那儿，似乎与周遭的环境有些格格不入。她大约70岁，大衣里面穿着一件灰色的厚毛衣，目光呆滞，直直地望着前方。

“哈喽，你还好吗？”我不自觉地停下脚步，对着她问。

“嗯？”她抬头看着我，像是我的问题突然把她的思绪拉回现实。我挨着她坐下，这样她就不用抬起头来说话。

“我只是问候一下，看看有没有什么我能为你做的。你一个人在这里做什么？”除了明显看出她的困惑与精神散漫，还有在凌晨2点30分这个时间出现在急诊部的事实之外，她的身体状况看起来似乎还好。

“我朋友，”她指向一个病房，“发生了车祸。但是医生说应该不会有什么大问题。”

“车祸吗？你们这个时间还在外面开车啊，要去哪里呀？”我想一定是有什么紧急状况。

“从新泽西去宾夕法尼亚。我们总共四个人。”她说。

“四个人？”我左看右看。除了值班的护理师，以及她的一个朋友在其中一个病房外，这里并没有什么人呀！

“我们两人，”她指着病房里的朋友和自己，“要去宾夕法尼亚接一只狗，一只我们从动物收容所找到的狗。”狗？我有点困惑。她继续说道：“明天是她的生日（她指着病房里的朋友）。她一直想要养一只狗，我们到处找，都找不到合适的。最后，两个住在宾夕法尼亚的朋友找到了一只。我们是要开车过去接这只狗，跟宾夕法尼亚的两个朋友会合，四个人再一起回来。”事情渐渐明朗了……

“我们怕万一一辆车装不下我们四个人和一只狗，所以打算开两辆车。我们都想好了，要在她生日前，四个人一起带着狗回来，不能拖。”

在她向我道出整件事情原委的过程中，我看到她眼中闪烁的光芒，也感受到她的兴奋之情。这对她和她所有的朋友而言，是一件非常重要的大事。在这个她们自定义的截止日期——朋友的生日到来前，要完成这个任务。然而，在这么寒冷的冬夜，所发生的客观事实是：两位老妇人，不，是四位老妇人，选择在这个高风险的时刻上路，不能耽搁片刻。因为她们认为必须在午夜之后出发，接上朋友和狗，才能及时赶回来庆生。她们决定要在今晚做这件事，而且立刻就要做。外面是零下十几度的气温，路上的水都已经结成了冰，来回的路程至少要三四个小时。这种情况非常危险，这几个不可思议的老人，居然不顾安危，任性好强，坚持去做这件荒谬的事！

她满是皱纹的脸，看起来严肃，同时又充满孩子气。我知道，如果我跟她讲道理，告诉她这个共同的决定有多么危险，她肯定会和我争辩。因为她已经非常清楚地表达了她们的想法："你知道，我们不能等。我们一定要所有人碰面后，再一起接狗赶回来。"

我带她进去看那位躺在床上的朋友，她额头上有一个胡桃大小的肿块。老太太拉过一张椅子坐在床边，然后两人开始交谈。她们两人，再加上两副老花镜，很快就弄清楚了要怎么打手机。她们没有打电话给各自的先生或孩子，而是打给了另外两个在宾夕法尼亚热切等待她们到达的女性友人。

女性之间的友情很特别。这种关系是很独特的，和其他任何一种关系在本质上都非常不同。我想，她们有的，就是这种独特的友情。这四个女人之间的友情，在她们进入老年的时候，不但持续着，还更有活力。这四个老妇人之间的互动，充满了对彼此的信赖、支持与了解。她们相互扶持，共同面对这个世界的欢笑与悲伤。

那个清晨，在一个罕见安静的急诊部里，我好像看到四个孩子在玩。她们一起又哭又笑，根本没有注意到周遭有什么事。即使其中一个孩子额头上有一个又大又亮的淤青肿块，也不能破坏她们的欢乐聚会，或是阻止她们做任何想做的事。在这些“老孩子”身上，我看到这么多的爱，这样无拘无束的境界。我默默地走开了，不忍去打断她们的欢聚。

Restart Life 女性之间的友情，在她们进入老年的时候，不但持续着，还更有活力，足以让她们相互扶持，共同面对这个世界的欢笑与悲伤。

Chapter

-2-

生与死的人生快照

Emergency Medical Technician

紧急救护员常常直接面对患者最不为人知的一面。所有家庭纠纷、情绪与身体失控、病痛、创伤、意外，都赤裸裸、血淋淋地呈现在从未谋面的救护人员面前。从每一次任务的背后，我看到了生命真实的另一面。

紧急救援

在救援过程中，没有客套寒暄，甚至没有隐私可言，常常是直接面对患者最不为人知的一面。

在平日的主要工作外，我的兴趣之一是参与紧急救援工作。非常幸运，我能在世界知名的纽约市紧急医疗服务单位（Emergency Medical Services，简称EMS）服务。纽约市紧急医疗服务单位隶属纽约市消防部（New York Fire Department，简称NYFD），是全美国规模最大也最忙碌的紧急应变单位，一年处理超过100万起紧急事件。而在紧急应变系统中，不可或缺的一环就是紧急救护技术员（Emergency Medical Technician，简称EMT）。

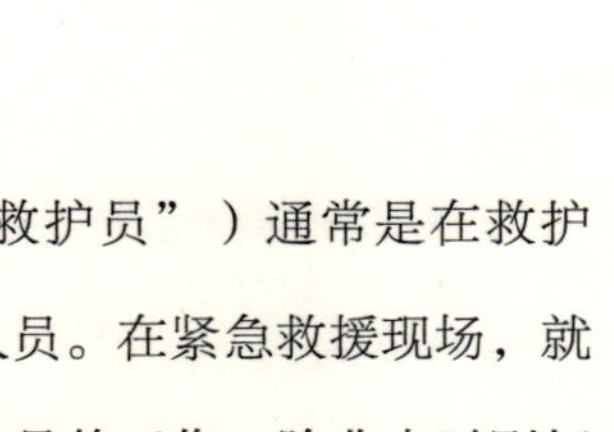

紧急救护技术员（后文简称为“救护员”）通常是在救护车上，也是第一时间到达现场的医护人员。在紧急救援现场，就算有医生在场，也不允许医生指挥救护员的工作，除非当时刚好有受过急救训练的急诊专科医生在场。因为救护员所受的专业训练，是针对紧急状况设计的，他们也是最有经验处理急救状况的人。在接受紧急医疗训练后，他们会由美国州政府经笔试与实际操作考试后，颁发证照。

救护员的训练内容很广，也很专业，无论是应对患者，还是进行医疗急救，都需要许多经验以及书本上的知识。**从救护车到达现场的那一刻起，救护员必须在最短的时间内熟悉环境，评估安全性，在大量又混乱的信息中辨别最紧急事件的性质，拿捏其中的轻重缓急，才能有效地解决问题或进行紧急治疗。**从救护车接近事件现场开始，救护员不仅要眼观六路、耳听八方，更要询问病患、家属、目击者。所有前因后果都是线索，有助于判断，并影响处理方式。

在车祸现场，救护员要查看车辆开的方向和受到撞击的位置，以及车内是否有乘客，有没有其他受伤的人；同时评估现场的安全性与风险（是否有爆炸的可能，出事地点是否被封闭或有没有放置适当的标志，以免其他车辆没看到，又撞上来）；初步假设肇事原因（若是打架，现场有没有武器）；等等。

有时候，民众打电话求救的事件，并不一定是最紧急、最需要处理的。不止一次，我们到达车祸现场，发现驾驶员无意识，检查之后才知道是突发心脏病，或是糖尿病病患突然血糖太低，以致昏迷失去控制而发生车祸。这时，如果没有其他创伤，患者的健康状况（心脏病、糖尿病）才是当时的紧急事件，而非车祸本身。

我们的工作是采取早、晚、大夜三班轮班制，每一班的值勤时间皆为12小时。值班的时候就处于待命状态，可能在消防队里，也可能在救护车上。当有人打急救电话（在美国是打911）报案时，总机就会发派最接近案发地点的待命人员前往。

每次值勤过程中，我们都有机会与许多不同的人互动，而且是在他们最软弱无助、最需要帮助的时候。在这个过程中，没有客套寒暄，甚至没有隐私可言，常常是直接面对患者最不为人知的一面。所有家庭纠纷、情绪与身体失控、病痛、创伤、意外，都赤裸裸、血淋淋地呈现在从未谋面的救护人员面前。从每一次任务的背后，我看到了生命真实的另一面；我感到很荣幸，能够通过这些短暂的接触，适时为当事人提供他们所需要的帮助，并且见证这些生命的光彩。

Restart Life 从每一次任务的背后，我看到了生命真实的另一面。

胸口上的刺青

在身上用刺青写的DNR，是不具有法律效力的，
但这是患者最清楚的愿望和最坚定的恳求。

深夜1点40分，在救护车上待命的我们接到无线电呼叫：“77岁男性，心搏骤停……”

心搏骤停（Sudden Cardiac Arrest），是最紧急也是优先级最高的紧急医疗事件。因为心脏系负责将血液输送到全身的器官。人体内的各个器官在没有氧气持续供应的情况下，可以存活的时间长短不一：若没有氧气供应，肾脏和肝脏细胞15到20分钟后会开始死亡；骨骼肌是60到90分钟的时间；血管内壁的血管平滑肌，则可以在24到72小时内仍然存活。人的脑细胞最为脆弱，

在心跳停止后4到6分钟内就会死亡，10分钟后就会脑死亡。因此，这时候救护车必须启动警示灯与警笛，尽可能在第一时间到达现场。

深夜的纽约市有许多地方虽然灯火通明，交通却没有白天来得拥挤。救护车按地址疾驶至事发地点，几分钟内就到了一栋看起来有点老旧的公寓大门口。我们迅速地拉了担架，带了电击器和其他基本设备，往患者家中赶去。

大门开着，一名中年男子在门口焦急地张望，一看到救护员，就立刻带领我们经由大门穿过客厅，进入卧房的浴室。我们看到倒卧在浴室地上的老先生，似乎没有了呼吸和心跳。当我用随身携带的剪刀剪开他的上衣准备电击时，赫然看到老先生胸口上大大的刺青：Do Not Resuscitate（不施行心肺复苏）！

Do Not Resuscitate，简称DNR，通常是指病人或法定家属所签署的一份同意书，同意当病人濒临死亡或没有生命迹象时，不施行心肺复苏，也就是不急救。

这是一份需要本人、见证人及公证人共同签署，具有法律效力的文件。通常，在事先有准备的情况下，医疗人员与病人及家属会针对是否要急救的议题进行讨论。如果病人和家属有共识，希望在上述情况下不要急救，即可以签署同意书。原始文件会由病人或家属保管，医疗机构也会留一份复印件存档。但是，在紧急医疗事件中，除非当场看到具有法律效力的DNR文件，否则紧急救护员还是会以抢救为优先做法。

我很确定，在身上用刺青写的DNR，是不具有法律效力的。但是，这讯息是患者最清楚的愿望和最坚定的恳求，他是希望用洗不掉的刺青将它写在急救时不可能看不到的胸前，在他无法亲自传达此讯息的重要时刻，来表明他的意愿。

心肺复苏，是患者心脏停止跳动后，用人工方式按压胸腔，和从患者口鼻部位吹进氧气的急救方式。在急救的过程中，需要用极大的力量重复在患者胸腔上施压，有人甚至用"暴力"来形容这个过程。常听说在心肺复苏过程中压断患者肋骨的事情，被压断的肋骨也可能刺伤其他器官，如肝脏或肾脏。这确实是一个非常残酷的过程。这也是为什么有些重症末期的患者或家属愿意签署DNR，实际上是为了使病患少承受一些不必要折磨的不得已选择。

当时我愣了一下，随即很快地看了一下旁边的人，并大声地询问："有DNR的证明吗？请问你们有患者的DNR吗？"一位老太太坐在床边，好像在惊吓中还没回过神来。带我们进来的中年人像是患者的儿子，站在门口一脸困惑：“DNR？”但他马上又激动起来，大声嚷着：“什么DNR，赶快救啊！还在等什么！”

“不要急救。”突然，老太太开口了，她沉重但稳定的声音与凌乱的现场和儿子急切的呼喊声形成了强烈的对比。

“我们曾经讨论过了。这几年他的身体状况大不如前，病痛不断。现在能够这样走是他的福气。”

“病痛不断？你在说什么！”儿子一脸不可置信的表情，气急败坏地嚷嚷着，“我从来也没听你们说过啊！救人要紧！”说着，他冲到我的面前抓住我的手大力摇晃，并用近乎尖叫的声音大声吼着：“你快救啊！”

“你住得那么远，不清楚我们的生活状况。我们确实讨论过了，他就是希望当有紧急情况时，可以不被干扰，平静地离开人世。他怕找律师签什么同意书要花很多钱……所以特地在胸前刺着‘Do Not Resuscitate’。”老太太走过来，抓着儿子的手，指着老先生胸前的DNR刺青给儿子看，说，“这就是你爸爸的心愿。”

“什么？”儿子显得六神无主，但还是坚持说，“我不知道你在说什么！现在什么都不要管，先救人再说！”

我再次跟老太太确认：“你们没有签不要急救的相关文件吗？”老太太摇摇头。

在这种情况下，我们别无选择，一定要急救。我一面跟老太太解释，一面着手电击。看着强大的电流通过老先生的身体，把他震得从地上弹起，老太太转身离去，儿子留下，目不转睛地看着整个急救过程。在一连串的电击、心肺复苏、再电击之后，老先生又有了心跳。一有心跳，我们就立刻将他移上担架，送进救护车，驶往医院。一路上，我们还是得继续用人工方式帮助他呼吸。儿子跟着我们上了救护车一起到医院，老太太则选择留在家里。

人，经常被自己的想法局限

心理学是科学吗？在目前的大学里，心理学大多属于理学院的课程。心理学可以用科学的方式研究，而科学研究的必要条件之一，是用可观察、可客观测量的方式取得证据。心理学的领域非常广，有些比较容易用科学的方式研究，例如，经受压力时的生理反应——心跳、血压、皮肤电阻，甚至脑造影或脑电波，都可以成为研究工具。但通常提到心理学，许多人都会认为这跟我们心里的感觉和想法脱不了关系。而属于我们个人的主观感受与想法，要用客观的方式测量，常常需要用间接或推断的方式评估。

无论用何种方式，都可以从“事实”开始评估。这起事件中的事实有哪些呢？第一，患者将DNR刺在胸前，这也是他身上唯一的刺青。第二，患者并没有正式签署的DNR文件。第三，母亲与儿子对患者接受DNR的意愿，认知分歧。

我们可以就这三点来推论与思考一下。

首先，患者将DNR用刺青的方式呈现在胸口。之所以选择刺在胸口，是因为急救采用电击或做心肺复苏（心脏按压）时，一定会看到这个地方。由此或许可以推论“不要急救”对他来说是有特殊意义的，也可以说是很重要的。然而，对自己认为如此重要的事，怎么没签具有法律效力的同意书呢？对一个没有刺青习惯（身上没有其他刺青）的老年人来说，难道签同意书会比刺青还要困难，还不方便吗？

人，经常可能被自己的想法局限，对自我认知太有信心。所以，老先生或许认为这是最有效的方式，可以避免字迹不小心被洗掉，且在急救时一定会被看到，不像文件会弄丢，或是临时找不到或没带。他可能对自己的想法非常确信，问都不问他人的意见。其实，对于自己认为重要的事，多问一句又有什么损失呢？

一星期后，我又回到先前送老先生去的医院。询问后得知，当天急救后老先生虽然恢复了呼吸和心跳，但再也没有醒来过。在加护病房住了数日，最后家人还是决定拔管。我想，假若这位老先生生前能利用到医院的机会，顺便询问一下医院的医护或社工人员，获得关于不要急救的正确信息，当天的事件是否会有不同的发展？

其次，母亲跟儿子对患者的意愿有不同的看法。现代社会中，有许多子女都住得离父母有段距离，从跨国到跨州，或者虽同在台湾，但分别住在北、中、南部不同的城市，总之，不是住隔壁或在同一屋檐下。但生活常常是由许多琐碎的细节组合而成的，若是分居两地，要了解对方的生活，是相当具有挑战性的。

我有个朋友住在美国得克萨斯州，结了婚，有自己的家庭。虽然平常忙着工作跟照顾孩子，但还是常常惦记住在台湾的父母。有一次我回台湾，他要我帮他带些父母会用到的东西回来，有训练记忆的小游戏，做运动时用的各种器具，等等。

当我来到他父母位于台北市东区的家时，看见大大的房子里只住着二老，有一间房里面，堆满了子女们托人带回的各种东西。我有些迟疑地将朋友托带回的记忆游戏拿出来讲解，却注意到伯父的视力似乎已经弱到无法阅读。当我再取出做运动用的器具时，我看到伯母需要用拐杖才能从沙发上站起来，餐厅旁边还放了一张轮椅。伯父的视力不是忽然变弱的；伯母也没有经历意外，从能够正常活动到需要使用拐杖和轮椅，也不是一天两天的转变。

生活，是由每天、每时、每刻，平凡中的点点滴滴累积而成的。人们偶尔联络，会着重于叙述不平凡或是值得提出的特殊事件或经历。虽然现在科技发达，随手按一个按键就可以经由网络看到对方，但很难通过这样的对话想象对方生活中平凡的琐碎事务。例如：父母未必会提到他们现在几乎不会一觉睡到天亮，半夜一定会起来上厕所，有时甚至不止一次，所以睡不好；现在食量不比从前，晚餐吃三个饺子就饱了；最近双腿无力，以往天天去参加小区的晨操，现在已经有一个星期没去了……这些，是闲聊的时候才会提到的生活琐事。不住在一起，偶尔探访或联络，要察觉或得知对方这些生活上的转变不是很容易，但也不是不可能。

获得优质时间（quality time），或是高质量的相处时间，是每个人都可以努力的方向。无论你有多少时间，一小时、一天还是一星期，将注意力放在与对方的共处上，都可以让彼此在没有压力的状态下呈现自我，分享生活。这其中的要点，在于自处（being）和相处（being with）。

自处，是敏锐觉察自身与当下所处环境的关系与联结。注意力与思绪不放在回想过去，不放在计划或担忧下一刻上，而是放在自己的感受与现处的环境上。相处，是把范围从自我扩大至陪伴在身边的人。在一起的目的，不是要做什么，也不是要趁在一起的时候，对彼此有任何实质上的帮助，如买菜、处理家务、维修物品等等。在一起时，将重心放在对方与自己的互动上，“专心”地在一起，才有可能获得优质时间与高质量的互动。若是抓住这个重点，在一起做什么，或不做什么，都不会对互动有太大的影响。无论是一起散步、逛街还是换电灯泡、做饭，都可以乐在其中，分享生活的细节。

人是群居动物，对自身与他人的互动相当敏锐，即使是很细微的反应，都能很快被察觉：我们说话时，对方有没有在听，是不是在敷衍我们，对于这些，我们其实都可以很快地感受到。

因此，专心与人相处，彼此都会有深刻的经历。优质时间可以让人在心情放松的状态下，与他人产生生活的交集。

Restart Life 无论你有多少时间，一小时、一天还是一星期，都应该将注意力放在与对方的共处上。获得高质量的相处时间，是每个人都可以努力的方向。

母亲

我们每个人都有可能成为看似不孝的孩子。因为我们再怎么努力，一天也只有24小时。

在开往报案地点的救护车上，我看到计算机屏幕上显示的患者信息：女性，精神状况不稳定（Emotionally Disturbed Person，简称EDP）。依规定，救护人员若前往精神状况不稳定的病患处，就视同前往犯罪现场，必须由警察先到场，确认安全后，才可进入。

救护车停在中国城唐人街的一栋公寓前。我们从昏暗的电梯里走出来，在闪烁不定的日光灯下，看见远处的走廊尽头，已经有一位警察站在最后一户的门外。门边放了一张椅子，上面坐着一位老太太，面向墙壁，像个犯了错被惩罚的小孩。我们走近一看，是一位满头白发、清瘦的东方老妇人。这时，她的女儿从屋内跑出来，用流利的英文气愤地跟我们说："告诉你们，我妈精神有问题，医生开的药不吃，现在又发病了！她一个人在房间里会自言自语。我家里还有一个不到一岁的婴儿，我怕这样很不安全。你们还是赶快把她带到医院去看医生吃药吧！"

一旁的警察满脸无奈，有些不解地问："母亲发病，你解决的方式就是把她关在门外？万一她跑出去走丢了，或发生什么危险，怎么办？"

女儿理直气壮地说："我不是已经告诉你们了吗，我有婴儿要照顾。但我妈在房间里一个人对着空气讲话，真吓人！我都用手机录下来了，我是有证据的！"

有证据？她必须要向谁提供证据，证明什么呢？

既然她打了911，我们就一定要处理，必须将老妇人带往医院做进一步评估。老妇人什么都没拿，脚上穿了双拖鞋就跟着我们上救护车。当我们准备离开时，警察还不放心地问她女儿："你们一个人都不跟来吗？"

女儿说："我有小孩要照顾，你们带她去医院就好，给她吃点药什么的，让我们大家都能好好休息。”虽然当时她的弟弟和男友都在旁边。

老太太不会讲英文。在救护车上量血压时，我问：“您会讲中文吗？”

老太太一听我用中文和她讲话，眼睛忽然亮了起来，抬起头，用带着广东口音的中文高兴地说：“你会说中文啊？”

“是啊，老太太，您的血压蛮高，平常吃高血压的药吗？”

“吃的，平常我都是在吃饭时吃。今天晚了一点，所以还没有吃。”

我看看手表，已是晚上11点30分了。

“那您上次吃饭是什么时候？”我问道。

“嗯，大概是早上吧……”老太太回答。

“您早餐吃了些什么？”

“我吃了两个白煮蛋。”

我看着老太太，总觉得整件事怪怪的，有什么地方不对劲。

老太太姓张，所以我叫她张妈妈。我问：“张妈妈，今晚您怎么一个人坐在门外啊？”

老太太眼睛看着地上，小声地回答说：“没什么啦，女儿照顾小孩很辛苦，她男朋友又不帮忙，有时候心烦脾气不好，就跟我吵架……”

“哦……所以你们今天吵架了？结果谁赢了？是不是输的人要被罚坐在门外，还要被罚不能吃饭？”我用半开玩笑的方式试探性地问。

没想到老太太突然惊慌失措，很紧张地说：“你可不要怪我女儿，真的不能怪她！年轻人工作很忙，事情又多，还带着一个小孩，很辛苦的。没事的，真的没事。而且每次事后她都很后悔。”

“张妈妈，不要紧张，我不是警察，我是医护人员。您女儿说您今天在房间里自言自语，有这么回事吗？”

我再次表明身份后，老太太松了一口气：“有啊……”

“嗯……都讲了些什么，您记得吗？”

“我想找些以前的照片，翻遍抽屉怎么都找不到，所以就对自己说，老了啊，不中用啦，什么都想不起来了，什么都找不到啰……”

“就讲这些啊？”

“对啊，不然还讲什么？”

我跟老太太谈了一会儿，在救护车上的时间并不久，这短短的谈话互动，让我有些怀疑她是否真的患有精神疾病。就目前的状况来看，不像是发病状态。

抵达医院，将老太太交到医护人员手中后，按照一般程序，我们的任务就完成了。可是，看到老太太那茫然无助的眼神，我实在很难转身离开。纽约市医院的精神科急诊，一向挤得水泄不通。如果不是很严重的状况，一般很快就会让病患办出院手续。穿了双拖鞋的老太太出了院，要怎么回家？身上没有钱，没有手机，又不会讲英文。

于是，我又回头走到老太太面前蹲下来，好让她不用抬起头看我。

“张妈妈，你等会儿怎么回家？”

她愣着看我，张开嘴巴，却无法回答：“我……”

我回到救护车上，向紧急派遣中心申请，让我们停留在医院的时间可以久一些。因为我们接到派遣中心分配的任务后，整个过程都清楚地显示在计算机记录里，包括救护车开了几公里、几分钟抵达现场、与病人在一起的时间有多久、几分钟到达医院、在医院待了多久等等。所以，如果我想留下来帮老太太，就必须向派遣中心说明原因，提出申请。

医院里没有会讲中文的精神科医生或心理医生。虽然当时我穿的是急救中心值班人员的制服，但就是那么巧，有位路过的精神科医生居然认识我，知道我是心理医生，就跟我约略地谈了一会儿老太太的情况，并征询我的意见。

我帮老太太做好安排后，仍然决定将此案上报纽约州社会服务局（New York State Department of Social Services）的成人保护服务中心（Adult Protective Services）。根据纽约州的法律，向成人保护服务中心报案，不需要证据，只要怀疑，就可以构成报案的条件。他们会展开调查，做后续的处理与安排。

我们都活在每个角色的期待中

在看了这家人之间短暂的互动后，我们或许轻易就会将矛头指向那个“不孝女”。岂不知，我们每个人都有可能成为那个看似不孝的孩子。每个人的耐心与所能承受的压力，虽然可能程度不一，但终究是有限度的。

我们活在一个资源有限的世界中：时间、钱财、体力、精神……再怎么努力，一天也只有24小时。而随着年岁的增长，每个人所扮演的角色越来越多，从为人子女、手足、同学、朋友、学生、员工、同事、主管、亲密伴侣、配偶、儿媳、女婿到为人父母，甚至祖父母。每个角色所带给我们的，是属于各个角色独特的满足与愉悦感，但随之而来的，是别人对我们在每个角色中的期待，以及每个角色该尽的义务。

有限的资源要分配给这许许多多的角色，而每一项需求的紧急性或重要性，都有可能因为另一项更紧急、更重要的需求而有所改变：炉子上的水煮开了，要溢出来了，却忽然听到孩子在房里惊叫；正准备出门去接放学的孩子，响起的电话却传来长辈送急诊的消息；跟家人讲好了一起吃晚餐，但老板临时要求交一份报告，不得不加班……所有的角色，都要占用我们有限的时间、体力、精神。不知不觉，口气变冲了，脾气变坏了，态度变差了。这样的转变不是一朝一夕形成的，如果不自觉、不改善，情

况只会越来越严重。这时，我们很需要别人适当的提醒。

说到角色，我认为做一个尽职的家人或好朋友，是要将自己察觉到的问题适时地反映给需要的人，在对方有盲点的时候，成为他们的一面镜子。这通常不是一份讨喜或受欢迎的工作，却是只有最亲近你、最在意你、最了解你的人才能做到的事。

反映，不是评断或责怪。例如：我注意到你最近讲话很大声；你的脾气怎么变得这么坏。前者是陈述观察，后者则包括了推断和批评。讲话变大声的原因可能不止一个（或许是自己或身边的人听力产生了问题，所以才大声讲话）。因此，在把讲话大声与脾气不好画上等号，并用此来评断对方的行为之前，不妨尝试做一面镜子，将对方的行为反映出来，提醒我们所关心的人，让他们有“机会”自觉、自省。

或许有些人会说，算了，不讲了，讲了也没用……其实，我们所能提供的是一个机会，适时地给予对方回馈，这是身为朋友或家人的责任和义务，也是只有亲近的人才能做到的事，才能享有的特殊权利。至于对方是否回应，如何回应，则是他们的选择，我们不能也不应该试图去控制。

或许，张妈妈与女儿的互动，就是在不知不觉中长期演变成这样的。或许，在这个过程中，如果能有一位亲近的家人或好友，把这些转变反映给张妈妈和女儿，让她们有机会警惕自己并做一些改变，我那天就不会接到派遣中心分派到张妈妈家的任务了。或许……

Restart Life 一个尽职的家人或好朋友，要将自己察觉到的问题适时地反映给需要的人，在对方有盲点的时候，成为他们的一面镜子。

我想搬家了，不行吗？

他不为自己争取想要的，因为他已经放弃。他的眼神不再发亮，因为没有期盼。

在台湾，遇到紧急情况时，可以打电话给警察（拨110），或者打紧急救助电话（拨119）。有时接到的报案会比较杂，以前曾听到过台湾消防队去救猫，或者家里有蟑螂，打电话给警察等类似的情况。

在美国，就只能拨911，所以美国911接到的报案可能比台湾的案件种类更杂一些。有时状况不明，需要警察、救护车、消防车都到场。同样，在做紧急救护工作时，我们有时也会被派遣去"搬运"流浪汉和喝醉酒的人。有些人不喜欢喝醉的人躺在他们家门口，就打911，说有人昏倒在那里。

这时，因为躺在那里的人为什么没有意识，原因不明，所以救护人员一定要将他们送往医院。公园要关门了，也会如法炮制，要我们去把躺在椅子上的人搬走。有时一个晚上可能要跑好几趟！搬运的时候，必须要戴双层手套，注意自己的姿势和动作，才不至于在搬运过程中伤到自己或给自己找麻烦——病人可能注射了药物，可能身上有尖锐物品，可能裤子已尿湿，或者在搬运过程中失禁、呕吐，甚至攻击我们。在前辈的教导下与自己惨痛的经验中，通常可以锻炼出敏捷的反应和一身好功夫！

我之所以会遇见赵爷爷，也是因为一条状况不明的通知："老人，年龄不明，将自己锁在房内，没有回应，家人正尝试破门而入。"这是什么状况？是精神问题、家庭纠纷、紧急医疗，还是醉酒？因为情况不明，所以警察跟我们同时到达现场。

救护车停在纽约市著名的公园大道（Park Avenue）上。亮丽的大门外，穿着整齐制服的门房已经为我们把左右两扇沉重的大门打开，好让担架容易过去。富丽堂皇的大厅里没什么人，电梯则是电视剧中看到过的那种古典的风格，楼层显示在电梯的上方，是用半圆形金属制作成像罗盘一样的底，再配上金属做的指针。到了十楼，电梯门打开，面对的就是住户家的走廊，这一整层都是他们家的，电梯门一打开就是他们家。

灯火通明的客厅旁边是一座旋转楼梯，楼梯尽头是一扇通往卧房的门。一名中年男子在门外试图与门内的人对话。地上蹲着一个年轻男孩，正用着扳手、螺丝起子，想把门卸下来。令我有点讶异的是，他们是东方人。我下意识地认为，这种地方不会住有东方人。

这实在不能完全怪我有偏见，纽约市是个奇怪的地方……小小一个曼哈顿，被分成几个区块，而每个区块都有其独特的文化、居民特质与社会经济地位。目前案件所在的这个公寓，位于曼哈顿上东区，曾是宋美龄晚年长居美国时所住的区域。这里的许多公寓，不是有钱就可以买到的。除了昂贵的天价外，买主的身份背景还要通过公寓管理委员会的考核，才能购买居住。管委会依法可以在毫无理由的情况下，直接拒绝买主，这是连卖方也无法控制的。虽然是在多元化的纽约市，但这方面也可能相当排外。所以，当我进门后，看到住在这里的是东方人，便有点惊讶……

破门通常是属于警察或消防队员的工作。至于开锁这件事，在现代而言，通常没有这种时间或心情，在不造成破坏的情况下将锁打开。大多数时候，特别是遇到紧急状况时，会直接用电钻从锁孔中间钻过去，再把锁卸下就好。这时，我们会在旁边待命，让一起到现场的警察帮我们开路。

没多久，门开了，我与伙伴迅速进入屋内，看见一名满头白发的老先生直挺挺地坐在桌前。我们立刻上前做初步的检查，并试图与老先生交谈。老先生面无表情，双眼直视前方，完全不做回应。基本的检查结果显示，他并没有任何异状或不适之处。询问在场的家人，大家似乎都不愿多说。按照程序，我们可以将老先生带到医院检查，但还是要尊重家人的意愿与想法。最后，老先生的儿子，就是我们进来时站在卧房门外的那名中年男子，摇摇头，长叹了一口气，用流利的英语说："带他去医院吧……至少今晚会安全，免得他又想着要死……"

既然儿子说了这句话，程序上我们就一定要将老先生带到精神科急诊做评估。老先生持续没有回应，但也没有抗拒，跟着我们上了救护车。在填资料时，我看到了老先生的姓——Chao，赵；看到了老先生的生日——他103岁！我数学很差，拿出手机又算了一次，没错，是103岁！我心想，如果是华人，又是这个年纪，那么讲中文（或其他方言）的概率应该不低。但是，之前我已经有了一次偏见，这会儿又要假设他是华人，会讲中文，会不会反而冒犯了老先生呢？我很犹豫。因为我平常就很反感别人因为我是东方人而做出种种假设：数学好、功课好，至少会一种乐器，等等。这些在我身上没有一样是正确的！

“您姓赵吗？”最后，我还是忍不住，用小心谨慎的态度询问。老先生茫然的眼神突然聚焦了，虽然仍然不发一语，但缓缓地转过头来。

“你……会说中文？”老先生说话了！

“是啊，赵爷爷，您还好吗？”通常在这个时候，无论是在东方文化还是西方文化里，很自然会接着说“大家都很担心你”之类的话。但这时，我只想把重点放在老人家身上，而不是让他感觉连累了别人，让别人担心了。

虽然告诉对方很多人担心他，可以是一种关心的表示，让对方知道他是被爱、被别人在意的，但这种话也很容易给对方造成压力，让对方觉得自己是别人的负担，认为自己拖累了别人，因而感到内疚。我想把情况简单化，我们的时间有限，老人家愿意开口，是个好的开始。

“我好吗？我这岁数，能吃、能睡、能走动，你说呢？”老先生反问我。看来今天是遇到对手了，平常都是我用简短的开放性问题，换取对方冗长的回答。瞬间，我好像将运作模式从紧急救护人员切换为心理师。

“赵爷爷，”我趁着救护车急转弯时，顺势滑到他旁边坐，一脸无辜地说，“这样听起来是不错，但您现在跟我一起坐在救护车里，应该不是很好吧？”我尽量讲事实，少猜测。老先生看着我，再看看四周，大大地吸了一口气，先是点头，然后又摇着头说：“我累了……”

这是什么意思？是累了想睡、心理疲惫，还是精神耗尽？我不做回应，但视线不离老先生的双眼，表示我在听、在想，我在试图与他产生联结，有意愿与他的世界产生交集。

“你知道活一百多岁是什么感觉吗？”老先生说。我笑了，显然他知道答案，但我还是摇摇头。

“你不再觉得自己跟这个世界有关，可以跟你说话的朋友、伴侣都不在了，生活中没有任何事情可以让你有兴趣。我来到这世上，该做的、想做的，都做了。儿子的生活、孙子的成长，都不让我挂心，也离我越来越远。我对我过去的人生很满意。但现在，我不想在这里了！我想念我的老伴、老友、兄弟姐妹，他们都不在这里了。我想去他们去的地方。我对这个世界毫无留恋，我想走了。我，累了。”

累了。

霎时间，我似乎感受到那疲惫的沉重，那厌倦的无奈。他累了，不行吗？一个晚上，这么多的家人、陌生人，又是敲门，又是钻锁，将他从卧室、从家里拖出来，劳师动众地请上了闪灯鸣笛、一路颠簸的救护车，这是为什么？他对目前的处境毫无留恋，想“搬家”了，不可以吗？现在被送到医院的急诊室，除了要被检查身体之外，因为儿子提到他“想死”，还需要经过精神科的评估诊断，是个很折腾人的过程。

自杀，非解除痛苦的唯一方式

自杀，应该是人类的独特行为。虽然过去有些动物自杀行为的报道，但这些看起来像是自杀的行为，到底是不是自杀，用目前的科学技术实在无从断定，就像无法知道动物是否有思想一样。但人类自杀，却有机会将自杀的意图、行为、动机、理由，清楚地陈述或记录下来。

无论是从历史还是宗教的角度来看，自杀基本上都会被视为不被接受的行为。不过，柏拉图列举了四种例外情况：第一种，道德丧失，无法拯救。第二种，死刑，也就是政府下令自杀，如苏格拉底最后被迫服毒一般。第三种，迫于承受无可避免的极端不幸经历。第四种，因为自己极度不公正的行为而感到羞耻。

以上的第三种情况，有时会被引用为安乐死的基础。支持安乐死的主要论点，源自任何生物都有与生俱来的本能——避免痛苦，寻求舒适。柏拉图所说的“无可避免的极端不幸经历”，可迫使人用结束生命的方式，来逃避不幸经历所带来的痛苦。许多人更认为，逃避痛苦，追求快乐，不只是一种选择，还是一种权利。

从临床心理学的角度来说，自杀倾向、意图或行为，一定是评估与诊断上的重点。我个人的想法是，如果自杀行为是心理疾病造成的，那么此自杀行为则不属于柏拉图所列举之例外。主要原因有二：

第一，若目前已存在有效的治疗方式，可以将一个人想要自杀的痛苦因素减轻，甚至解除，则重点当然应该放在治疗上，而不是用自杀来解除痛苦。这好比身体上的疾病，如胆结石，会给患者造成很大的痛苦，如果这痛苦无法消除，患者可能会说宁可死，因为无法承受这痛苦。但用目前的医疗技术来解决胆结石的问题并不难，如果患者坚持不接受治疗，却因疼痛不堪而去寻死，那就是不可想象的事情。

第二，心理疾病，如重度忧郁或躁郁症，是会影响患者认知与思考模式的疾病。患者会感觉无望，认为自己没有选择的余地。用刚刚胆结石的例子来说，胆囊有结石是事实，有痛感也是事实，但心理疾病所导致的认知上的扭曲或误差，可能会让患者坚信手术或其他治疗方式都没用，认定自己就是这样，会一直痛下去了！

有时，面对忧郁症病患，我会想：如果我和他们的认知一样，我也认为做什么都没用，我一定也会忧郁。这种无望感、毫无选择的想法，还有想自杀的念头，可能是疾病本身造成的。这时，需要借助外力，让患者愿意接受治疗，因此重点还是应该回到治疗上，而非认定自杀为解除痛苦的唯一方式。

但是，赵爷爷身体上没有病痛，没有精神或心理疾病史，乍看之下，也没有极端不幸的经历。他连安乐死的条件都不符合！当救护车开到急诊室门口时，我唤了一声："赵爷爷……"他把目光从远处拉回，我们四目交接，我看到了深切的悲哀、无奈、疲惫。他不说话，因为无话可说。他不为自己争取想要的，因为他已经放弃。他的眼神不再发亮，因为没有期盼。连待在自己房间里，最后也被拖出来。他只能任人摆布。我也无话可说……我必须按照流程，按部就班地来处理这个案件，甚至在将他转交给医护人员之后，也无法多留。就算我可以留下，又能如何呢？

赵爷爷的眼神留在我的脑海中，久久挥之不去。在如此提倡人权，却也无法摆脱法律与道德规范的世代，他有权选择离开这已经毫无眷恋的人世吗？谁又有权禁止他追求快乐，远离痛苦呢？

Restart Life 认为做什么都没用，这种无望感、毫无选择的想法，还有想自杀的念头，可能是疾病本身造成的。

父母心

父母对儿女的爱是一辈子的，但这责任，该负到什么时候呢？

一大早，刚上救护车待命，椅子还没坐热，就接到派遣中心传来的任务：婴儿跌落，妈妈打电话哭喊着要急救。任何有关孩童特别是婴孩的案件，都会让人感到不忍与紧张。更何况这时我还是新手，没有什么经验，虽然可以跟着经验丰富的前辈执行任务，但每次派遣中心一发话，我心里还是难免一阵紧张。因为孩童的体型、体重、代谢、呼吸量与频率，都与成人不同，所以孩童病患会有不同的急救程序和专属的急救器具。

我神经紧绷地拿着器具，推着担架，随着动作迅速又沉稳的前辈进入报案人家中，看见宽敞客厅的木地板正中央坐了一个婴儿，四周还有专为孩童设计的安全围栏，旁边蹲着一位女士。女士见到我们，赶紧站了起来，说她是婴儿的妈妈。婴儿看起来几个月大，看到我们，也转过头来，咿呀地发出声音。我愣了一下，婴儿看起来没什么异状，很正常啊……我们一面着手为婴儿做初步检查，一面向妈妈询问细节，到底发生了什么事?

“今天只有我一个人在家，所以有点手忙脚乱。”妈妈神色惊慌，也有点不好意思。

“我回头放个盘子在桌上，才一转眼，他就跌到地上了！真是糟糕！”

“跌到地上？”我看看四周，没见到孩童坐的高脚椅，而孩子就坐在围栏内。

“从哪里掉下来？”我不禁问道。

“地上啊！”妈妈指着孩子坐的地方。

从地上跌到哪里？地下吗？在这方面，英文词汇没有做详细的区分，都是“跌”（fell）。而中文里面，可以用“掉”“摔”“跌”来形容，甚至以现在这个例子来说，应该是“倒”！母亲的解释更加证实了我的猜测，她的意思是：我在地板上喂孩子，吃得差不多的时候，我起身回头把餐具放到桌上，再转身回来时，看到孩子躺在地上。因为之前孩子是坐着的，所以她不知孩子是向后仰倒下（怕撞到头），还是侧倒躺下。一般人可以想象，一个婴孩坐在地上，离地的距离是很近的，不管怎么倒，只要没有碰撞到东西，大概都不会有事。但这位新妈妈，却焦急万分地打了911！我满心无奈与烦躁，真正需要急诊的案件有很多，现在资源却被浪费在这种不需要的地方，还害我白紧张了一阵。

不过，看到这位母亲充满慌张与关切的神情，也可以理解，这对她来说确实是一起紧急事件，她真的担心孩子可能有创伤或性命危险。这似乎是她当下的想法与看待事情的角度。有了这样的同理心，我也就释怀了一些。但我深感纳闷，当了母亲就会这样吗？之所以出现这种认知与行为上的转变，是因为一个新生命到来后，父母除了爱他／她，还要对他／她负责。父母对儿女的爱是一辈子的，但这责任，该负到什么时候呢？

放下，不表示不再关心

就在前一天晚上，我们的救护车被派遣中心指派到一个办锐舞派对（Rave Party）的地方。锐舞，有时也称为舞曲狂欢，通常会有经验丰富的DJ负责播放音乐，然后大量群众整夜聚集，有时甚至跳舞狂欢好几日夜。在这样的集会中，许多人会使用非法药物助兴。

当时我们在第一时间赶往现场，进入了俱乐部的化妆室，这时俱乐部已经关闭，只有两个警卫在场。一名女子倒在地上，横躺在厕所门边，她的上半身在隔间外，下半身在接近马桶的隔间内，似乎失去了意识。于是，我们迅速、谨慎地让她躺平，好做评估与基本检查。

这女孩看起来是个只有十几岁的青少年，双眼紧闭，对我们的询问没有任何回应，身体一动也不动，完全没有反应。我翻开她的眼皮，检查瞳孔：我从未见过扩散到这么大的瞳孔！除了之前在书本上看到过之外……我从腰上拿出随身携带的诊疗用手电筒来测试女孩的瞳孔反应，竟然也毫无反应！瞳孔在亮光下通常会收缩，但我拿着手电筒来回闪过，她的瞳孔丝毫没有变化。

什么状况才会这样？当时我脑子里一片空白。是死了吧？扩散又对光没有反应的瞳孔，是死了才会这样！我有些慌张地回头看着带我这新手上路的搭档，不太确定地说：“她死了，她……是不是死了？”有着十几年急救经验的搭档就在我身后，他镇定地跟我解释情况，也很自然地跟我换了位置，将病患接手过去。

书本上的知识，有时离实际操作还是有段距离的。在经验不足的学习阶段，即使有丰富的知识和演练过无数次的技巧，面对实际状况，还是会慌张、不知所措，完全无法应对！事实上，造成瞳孔扩散、对光没有反应的原因很多，包括死亡、大脑受伤（如创伤、中风、脑出血等）或用药。有经验的医护人员，甚至可以从病人的身体反应与症状来初步判断背后的原因，可以假设或排除某些类型的药物。我的伙伴跟我解释，这应该是使用药物造成的。

在去医院的途中，女孩稍微清醒了一些。对我提出的一些基本问题，如姓名、年龄、病史等，她好像很犹豫，迟迟不敢回答。我猜想可能的原因后，跟她说：“你放心，我们是医护人员，不是警察。我们需要知道你的年龄，这样在治疗上才不会有误。”她还是想了一下，才告诉我真实姓名以及年龄，并坦承她皮包里的身份证明（驾照）是她姐姐的旧驾照——她姐姐刚过21岁，是美国可以合法喝酒与进入酒吧的年龄。

到了急诊室，焦急的父母也刚好到达。我们跟医生说明情况后，医护人员对女孩进行评估与治疗，请家人留在外面等候。这时，我正在柜台旁边写报告，女孩的母亲缓缓地走到我面前，跟我打招呼，并询问一些关于女儿的细节。母亲对我说，女孩是家里的小女儿，从小就聪明乖巧，不到18岁就把高中念完，提早申请大学，目前即将就读美国历史最悠久的常春藤名校——哈佛大学。

这样的孩子，却在今晚选择偷拿姐姐的旧驾照，跟朋友一起冒充21岁的成人，加入彻夜狂欢的锐舞派对，喝酒、嗑药至不省人事，令人匪夷所思。包括她的父母也表示震惊，百思不解。“我到底哪里做错了？”这位母亲自责地问。

亲子关系与教养孩子，是一门又深又广的学问，同时也是一条走过了才知道，却又不能回头重走的路。这种独特关系的形成，源于孩子出生的时候，没有独立生存的能力，完全需要倚赖照顾养活他/她的人——通常是孩子的父母。

你创造了一个生命，将他／她带到世界上来，没有你，他／她活不下去——这是独一无二、无法取代的关系。因此，让孩子健康地存活下去，是父母最基本且优先的责任。在其他动物的世界，一旦幼崽可以独立觅食，保护、照顾自己，生存下去，父母的责任也就尽完了，会让幼崽自己发展，独立生活。在这方面，人类比其他动物更复杂，而在现代社会，要定义“独立”，也不太容易。

另外，人类除了要确保孩子健康之外，还要教导他们道德观、判断力、为人处世。这一切，都让独立的界限变得越来越模糊，要到什么年龄或程度，才能放手呢？

在医学上，21岁以下属于小儿科。在生理上，最晚发展完成的器官可能是大脑。近年来的研究指出，人的大脑可能到25岁左右才会发展完全。在法律上，成年的定义是可以为自己的行为负责（可以签署合约），年龄则依国家或区域不同而有所差异，范围从16岁到21岁不等，但大多数国家规定年满18岁者为成年人。心理学上则定义成人具有做决定的能力（独立思考与判断），可以担负责任，经济独立，年龄在18岁到21岁之间。无论从哪个层面来看，一般孩子在大学毕业后（21岁到23岁），就应该达到成年阶段，也就是父母该放手或放下的时候。

最近常听到一个名词：放下。以心理学或科学的角度来说，这个词很空泛，不具有任何实质意义。告诉别人该放下，听起来颇有意境，但到底是什么意思？又该如何放下？放下，很抽象，所以解释的方式可以有很多种。以最直接简单的方式来说，当我们手中提着、身上挂着一样东西的时候，会下意识地将这样东西当作我们身体的延伸，但放下后，它就不再是我们的一部分了。也就是说，对于我们没有放下的东西，我们是有控制能力，因此也是有责任的。真正的放下，是不再试图影响或控制自己所放下的人、事、物。然而，这并不表示对所放下的一切不再关心。

常听人说，父母的心会一辈子挂在儿女身上。牵挂不同于管教，无须要求对方一定要听你的；牵挂是静态的支持，管教是主动的影响或控制。这两者的比例，在孩子成长过程中应该逐渐对调。

当孩子小的时候，父母需要主动地供给、教导、塑造。孩子成人后，父母应当对自己努力教导的成果有信心，相信孩子已经拥有独立思考和判断的能力。这时，父母要学习尊重孩子的选择，孩子也要学习为自己的决定与行为完全负责。当孩子成人，不再是父母的一部分，不再是父母的延伸时，留下牵挂，放下管教，或许是对彼此都有益的一项挑战。

Restart Life 当孩子成人时，父母留下牵挂，放下管教，是对彼此都有益的一项挑战。

相爱容易，相处难

一旦结了婚，个人对彼此的期待和要求就会有相当大的转变。对方会变成你生活核心的一部分，或者可以说，成为你自我的延伸。

“刺伤”的事故现场，常常都是血淋淋的，而且有可能是犯罪现场，所以我们一定要等警察确认现场安全后才能进入。

记得那晚接获派遣任务赶到报案现场时，进入屋内是晚上9点多，餐桌上放着用了一半的晚餐，厨房内的炉子上、水槽里还摆着做晚餐时用过的锅盘。空气中好像还闻得到残余的饭菜香。伤者为37岁的男性，躺在餐桌旁的地上，地毯和旁边的椅子，以及他的整条裤子，都已被鲜血浸湿。这位男士的右大腿上插了一把约11.5厘米的牛排刀。他神志清醒，呼吸也没问题。

“今晚发生什么事了？”我问他。

“啊……”他呻吟着，不知是痛还是愤怒，“她居然拿刀刺我！你相信吗？她居然拿刀刺我！为什么会这样？她怎么会这样？”

我一面跟他说话，一面迅速地帮他检查。刀子插进大腿颇深，似乎插入了大腿骨（股骨）内。看起来流血已经大致止住，可能主要是因为刀子本身封住了血管。这时，最重要的是固定刀子，在尽量不动刀子的情况下，将伤者送到医院，好在医疗设备充足的环境中，以及外科医生专业的照顾下，为他取出刀子，治疗伤口。如果这时把刀子拔出来，可能会造成大量出血，导致其他伤害，后果不堪设想。我们一面固定刀子，包扎伤口，一面检查伤者是否有其他受伤的地方，同时也听到伤者的妻子在房间内与警察的对话。

“我真的不知道发生什么事了……就是瞬间有股怒气冲上脑门，感觉脑子要爆炸了……我们结婚不到一年，从来没想过相处会是这么困难的事！他……还好吗？没事吧？”妻子似乎也惊魂未定。

当我们将这位先生抬上担架，推出屋子的时候，看到客厅内、走廊上挂满了小两口的结婚、旅游、生活照。柜子旁边放着两辆公路自行车和两顶安全帽。看来，他们有许多共同的兴趣：一起去登山、骑车、旅游……照片中甜蜜、灿烂的笑容和亲密的肢体语言，与现在躺在担架上，腿上插了把刀子的先生和房内被警察侦讯的妻子，形成了强烈的对比。

救护车上，先生跟我说，他跟妻子都是晚婚，当初真的是一见钟情，各方面都觉得配合得无限完美——两人有说不完的话，有共同的兴趣、从未有过的默契……但即使是这样，他们还是小心谨慎，交往了快两年才结婚。从结婚到现在还不到一年，却发生这样的事。

越重视自我价值，婚姻冲突越多

婚姻在法律上是一种契约，契约中对双方的权利、义务，甚至解约方式，都有详细的规范。然而，婚姻不仅仅是法律上的关系，它相当复杂。先不考虑婚姻本身是否为两个家族与朋友圈的结合，至少对结婚的两个当事人而言，婚姻是对彼此长远的承诺；人际关系、家庭财务、责任、生活上的种种，都要开始共同面对，一起承担。一旦结了婚，个人对彼此的期待和要求就会有相当大的转变。对方会变成你生活核心的一部分，或者可以说，成为你自我的延伸。

假如一个陌生人做了我们不苟同的事，我们或许只是多看两眼、皱皱眉头而已，但如果此人是我们的另一半，我们的感受与反应就大大不同了！我们一定会表示不满，并且要求对方改变。人的情绪反应，对跟自身有关的事最敏感。我们越在意、越重视与我们的价值观有关联的事，越容易产生激烈的情绪反应。

有个心理学家朋友曾经跟我分享：直到结了婚，才知道自己也有愤怒到想杀人的时候！确实，在我与司法单位合作，参与侦查评估的谋杀案件中，有许多是起因于亲密关系：变心、背叛、三角关系、单恋、欺骗等等。但是，最让我印象深刻的，是夫妻间的谋杀和夫妻关系恶化过程中所产生的怨恨。

许多夫妻失和造成的谋杀案件，在本质上跟其他亲密关系造成的谋杀案件有所不同。与其他亲密关系有关的谋杀类型，大多属于冲动、情绪失控、临时起意型。夫妻间的谋杀，却常常是精心策划、预谋型的案件，而且动机与目的不只是谋取遗产或钱财，还要让对方经历极大的痛苦与挫折。

曾经有一起妻子想雇杀手谋杀丈夫的案件，妻子在寻找杀手的过程中，引起了别人的怀疑，因此有人暗中通知警方。于是警察假扮杀手与妻子联络，互动过程也被针孔摄像机全程录像。妻子与假杀手的对话，被清清楚楚地录了下来："我要他很痛苦，你明白吗？很——痛——苦，不是像一般拳打脚踢那样的皮肉痛，那种我都做得到。我要让他有生不如死的痛苦。记住，等我离开家后，有了不在场证明，你再进去。我出门时，会确认门没上锁。"

是什么样的怨恨，会让人变成这样？或许这是比较极端的例子，但类似这样的案例并不少。世界上几乎没有任何其他关系，会使人有这么激烈的感受。一般人的想法是，合不来就分开，各走各的，不就好了吗？不是，当事人心有不甘，恨到想要置对方于死地。不只如此，还要他不得好死！婚姻很复杂。结了婚，对彼此的期待与要求都会有所改变。无论是谋杀，还是气到随手拿刀刺对方，抑或是激烈争吵到情绪无法平复，能够让你有这般极端感受与反应的，一定是你很在意，或是生活中离不开、躲不掉的人。

这些冲突的核心，是要求对方改变，成为自己所期待的样子，依自己的方式行事。其实，夫妻的相处好比跳舞，你可以要求对方改变脚步，调整节奏，但你也可以改变自己的脚步与节奏——如果双方都有意愿继续跳完这支舞，一方的改变必定会使另一方也跟着改变，这支舞才跳得下去。当冲突发生，或者不愉快甚至发怒的时候，不妨试着想想：我在要求对方什么？我自己能做哪些改变？婚姻需要一段时间的适应与磨合，在这个过程中，有极大的情绪起伏或冲突是正常的。

学习经历磨合，学习表达情绪，学习有效沟通，了解对方，改变自己，都是一个过程。生命中不同的遭遇，不曾预期的情况，会激发我们难以想象的反应。许多时候，人非得要站在那个位置上了，才知道自己居然有意想不到的潜力，可以做出自己无法想象的事。若是能够把婚姻看成一个机会，一个可遇而不可求的发掘自己另一面的机会，或许它可以成为让我们改变、成长与更加认识自己的催化剂。

Restart Life

若是能够把婚姻看成一个发掘自己另一面的机会，或许它可以成为让我们改变、成长与更加认识自己的催化剂。

一颗子弹

每个事件背后都有它的故事，无论是在法律还是道德层面。急救人员的工作不是判定对错或评断好坏，而是稳定患者情绪，施行急救。

枪伤。

一支普通的手枪，发射时子弹的速度可以超过音速。子弹射入人的区区肉体时，几乎是毫无阻力的；它会穿过肌肉组织、神经、韧带与大小血管，给身体造成极大的伤害，甚至造成死亡。

这天傍晚，救护车停在一栋独栋洋房外，警察已先到达现场，向我们挥手示意现场安全，可以进去。我看了看四周，这里不是治安差的区域，也不是帮派聚集滋事的场所，除了事发地点和聚集在附近看热闹的人，环境颇为宁静。初夏的傍晚，气温凉

爽，洋房前的花园里花团锦簇，我认得的有绣球花和菊花，盛开的花朵颜色缤纷灿烂。我吸了一口芬芳沁凉的空气——这是一个舒适的傍晚。

进了房子，我们把担架留在地下室门口，地下室灯光明亮，楼梯与地板上都铺了地毯，里面有书桌、沙发和一些健身器材。还没走进里头，就听到一个大男孩哇哇叫的声音。“好现象，”我一面走，一面想着，“至少还有力气叫，表示呼吸没问题。”楼梯边半躺着靠在墙上的男孩，他的牛仔裤和旁边的地毯上沾着鲜血。他两只手抓着右大腿，又哭又叫，满脸都是泪水、鼻涕和口水。

“年轻人，你怎么了，发生什么事了？”我蹲下来，按着他的肩膀，“我们是急救人员，你先别慌张，我们是来帮助你的。我知道你很痛，但你能跟我说发生什么事了吗？你叫什么名字？”我一面问，一面开始做初步的检查。

“我叫汤姆，我被枪击了，被枪击了！”他又叫了起来。

“我知道了。尽量放轻松，缓和你的呼吸，让我来看看。我们一定会好好照顾你的。”我用剪刀剪开他的裤子，用纱布稍微清除血迹，很清楚地看到了子弹射入口——圆形的穿孔四周有灼伤及浮肿，看起来是近距离射击。有没有子弹穿过身体，从另一边出去的伤口呢？我仔细地检查大腿的另一侧。

“汤姆，我看到你大腿的伤了。你记得一共开了几枪吗？除了大腿，你还有别的地方痛或不舒服吗？”我看到了子弹的出口伤。这表示子弹没有卡在大腿骨上或体内其他地方。

汤姆用手抓着我的肩膀说：“没有，就一次，一次就够了吧！他是我爸，我爸啊！”他父亲，拿枪射他？

每个事件背后都有它的故事，无论是在法律还是道德层面。急救人员的工作不是判定对错或评断好坏，而是稳定患者情绪，取得相关医疗信息，施行急救。现在知道子弹穿过大腿了，但子弹在哪儿？当我的伙伴在检查确认汤姆有无其他地方受伤时，我很快地四下看了看，在不远处的地上看到一个洞，走过去近看，发现有一颗子弹穿过地毯，卡在地毯下的水泥地里。这里目前是犯案现场，在急救的过程中，我们要尽量小心不动任何东西，因为现场所有的物品都是证物。我上楼把担架移至地下室搬运汤姆，顺便让警察知道那颗子弹的所在处后，救护车就快速开往医院。

离开前，我看见汤姆的父亲被上了手铐，坐在警车的后座上。救护车离开时，天色已经暗了。这是一个舒适的夜晚吗？答案肯定会因为不同的人、不同的遭遇而有所不同吧！

救护车后面的空间，除了病患外，可以坐一到三人。病患躺在担架上，头部上方的位置是船长椅（Captain Chair），又称呼吸道椅（Airway Seat），是为患者提供呼吸协助的最佳位置。患者的左边是一条长椅。如果患者有家人或朋友随行，通常会坐在驾驶员旁的前座上，主要是因为那个座位有安全带可系。通常急救一组两人，一个人负责驾驶，另一个人则在后面患者的身边。在去医院的途中，后面这小小的空间，有时会不知不觉地被转换成告解室或忏悔室，或是心理医生的诊间。

汤姆今年16岁，是家中的独子。他觉得最近这一年来，生活变得特别不顺，跟父母之间的冲突与摩擦越来越多，特别是与他的父亲。

正值青少年时期的他对许多事都充满好奇，他喜欢跟同年龄的朋友一起读书游玩，一起发掘新事物，因为这是他从小没有过的经历。

然而，父母什么都要管，什么都要控制，不给他机会尝试，不给他所需要的空间，让他觉得快窒息了！久而久之，只要是父母说的，他一概不听，还偏要唱反调。父母动不动就说教，让他厌烦到了极点，这样的情绪，是以前没有过的。这让他经常气到无法控制自己，但事后想想，其实自己还是很爱父母的。今晚的冲突也是为了跟以前差不多的小事，只因父亲不准，而他偏要。

他现在的个头跟父亲差不多高了，今晚他跟父亲说："你没权力管我，我不怕你，你也管不动我了！"

汤姆其实非常了解父亲，要踩他的底线激怒他，不是很难的事。汤姆也不知道为什么，这次情况一下子就爆发到不可收拾的地步，他还不知道发生了什么事，就听到了枪声，感到剧痛，站不住了。这是汤姆的感受。他那被上了手铐带往警局的父亲又是怎么想的呢？今天是什么原因将所有因素都推到了这个引爆点，又碰上了火种呢？

吵架是一种沟通

每个家庭都有它独特的氛围与互动模式，其中每一个成员的性格、背景、经历、原则、做事方法、强项、短处以及各方面的能力都不一样，加在一起组成了一个家庭。如果说婚姻是认识、发展自我的机会，那教养孩子可能就是锻炼我们修养的另一堂课。人与人相处，有摩擦或不愉快，甚至产生争执，是很正常的，更何况是生活在一起的家人。吵架是一种沟通，而沟通是一种艺术，因此，吵架也是一种艺术。

专家们将青少年惯用的争执模式归为四大类：攻击、退缩、顺从、解决问题。在吵架时，通常使用攻击或采取退缩方式的孩子，日后经历忧郁、焦虑或产生其他不良行为的概率较高；习惯以顺从来面对冲突的孩子，将来患心境障碍（Mood Disorder）的概率也较高。

可想而知，在家无法解决冲突的孩子，一般在生活的其他层面，如交友方面，也会有类似的问题。

相对地，会尝试用解决问题的方式来面对冲突的孩子，其结果与惯用其他三种方式的孩子截然不同。他们的心理健康状况最好，无论到哪里，他们都会与他人建立良好且让他们快乐的关系。这似乎是所有父母的愿望。但是，要如何教养出会解决问题的孩子呢?

研究显示，父母与孩子之间的争执要有建设性，关键在于孩子是否有能力从别人的观点看问题。换句话说，在争执或吵架的过程中，孩子需要练习看见事情的两面。让孩子思考并去想自己观点以外的、别人可能会有的观点，是很重要的练习。让孩子承认有其他观点是第一步，这并不代表孩子需要同意这个观点。

青少年阶段，大脑发育刚好到了可以思考抽象概念的阶段，孩子有能力从不同角度思考不同观点。年纪更小的孩子，大脑还没有成熟到有能力想出不同于自己的观点。这时候，父母若能做出好的示范，则会有助于孩子的学习。

父母可以先说："虽然我的想法是……但我可以想象你的感觉可能是……"一个习惯的养成，需要不断的练习。父母做了良好的示范，并鼓励孩子练习，可以让争执成为有建设性的冲突解决模式，帮助孩子培养有效的解决问题的方式，为他们建立良好的人际关系打下基础。

Restart Life 在争执或吵架的过程中，孩子需要练习看见事情的两面。让孩子承认有其他观点是第一步，这并不代表孩子需要同意这个观点。

亲密敌人

施行家庭暴力，通常是为了在双方关系中占上风或控制对方。这会给受害者造成莫大的身心伤害，甚至引发其忍无可忍的反击。

“女性，24岁，胸痛，失去意识。”

当我们进入房间时，看见患者躺在床上，旁边的婴儿床上有个几个月大的婴儿，自己安静地在玩，见到我们进来，睁着大眼睛望着我们。患者是一名年轻女子，不说话，也没动静。做初步检查时，我试图将她的眼皮打开，好检查眼睛，却打不开。我愣了一下，通常这表示患者并不是全然没有意识。我又做了一些其他测试，颇为确定她应该是有意识的，因此轻拍着她的肩膀。为了避免惊吓或刺激到她，我用能力范围内最轻柔的声调对她说：

“小姐，我们是急救人员，是来帮助你的。你哪里不舒服吗？”

她把眼睛微微睁开一条缝，把我拉近她身边，手搭在我的肩膀上，对着我的耳朵压低声音说：“太感谢上帝了，你是个女生！其实我没有生病，但我先生今晚会回来，他这次去开会很不顺利，回来一定会喝酒打人。我自己也就算了，为了这个孩子，我实在是不得已。求求你，把我带到医院，让我住院，先躲过这一次，拜托了！”

清官难断家务事，造成更多家暴悲剧

在美国，平均每分钟有20位女性被亲密伴侣虐待（abuse），相当于一年有1000万人受此威胁；平均每三到五位女性中，就有一位是肢体暴力的受害者。世界卫生组织（World Health Organization，简称WHO）估计，全世界每三位女性中，就有一位是肢体暴力的受害者。台湾每年也有超过6万起亲密伴侣间的家庭暴力事件通报。

家庭暴力是亲密伴侣之间蓄意威胁、攻击或虐待的行为，通常是为了在双方关系中占上风或控制对方。除了受害者身心上的伤害，在经济上，因家暴请假无法工作的天数，在美国估计一年总共有800万个工作日，外加相关的身心医疗、法律诉讼与其他费用，每年花费超过80亿美元。这还不包括家暴引起的谋杀或伤害事件，有时候，这些事件甚至是家暴受害者在长期忍无可忍的情况下反击所造成的。

长久以来，家庭纠纷是大家都唯恐避之不及的事。在社会层面，亲戚朋友大都劝和不劝离，没有人愿意担待让别人夫妻分离、家庭破裂的责任。在法律上，执法人员更是本着清官难断家务事的想法，不愿意参与其中，以至于接到求救电话的时候，常常刻意拖延反应时间，希望到达的时候，小两口已经床头吵架床尾和了。这样的做法，给许多受害者造成无法挽回的悲剧和遗憾。

一直到发生了一起对家暴事件有深远意义的重要案件，为以后的家暴案件设立了判决先例，才逐渐改变了美国各州执法单位

处理相关案件的态度与行为。

特蕾西·瑟曼（Tracy Thurman）是一位住在康涅狄格州（Connecticut，以下简称“康州”）托灵顿市（Torrington）的职业妇女。在1982年到1983年间，她多次向地方警察单位报案，因为丈夫查尔斯·巴克·瑟曼（Charles Buck Thurman）不断威胁她和儿子的性命。甚至在特蕾西搬到友人家住的时候，查尔斯还是不断骚扰，破门而入把儿子抢走。

有一次，特蕾西在车内报警，警察到了现场，却只在远处观看查尔斯对特蕾西当街叫骂、威胁，直到查尔斯把车子的风挡玻璃打破，警察才出手阻止。之后，查尔斯还是不断出现，继续攻击、骚扰，说一定会杀了特蕾西。

在1983年5月，特蕾西正式向法院申请保护令并获得批准，这表示当查尔斯再接近或威胁甚至攻击她时，她可以报警拘捕查尔斯。然而，即便有法院的保护令，每次特蕾西报警，警察还是用各式各样的借口不予处理，包括负责这个项目的警察正在休假之类的理由。如果特蕾西报案的日子是假日，就要等假日过后才会处理，或者虽然告知特蕾西他们会拘捕查尔斯，之后却没有任何行动。

有一天，查尔斯又来到特蕾西朋友的住处找她，坚持要当面跟她说话。特蕾西在屋内打电话到警局报案，因为查尔斯违反了保护令。15分钟后，特蕾西到屋外请求查尔斯不要进屋伤害或带走儿子。这时，查尔斯拿出刀来，向特蕾西的胸、颈、头部等处总共刺了13刀，并且在她倒地后，用脚踢她的头部。这时，有一名警察出现，看到特蕾西倒在地上，查尔斯手持沾满血的刀，进屋把两岁的儿子抱出来，跟儿子说："我把你那个烂妈妈给杀了。"然后把儿子丢在特蕾西身上，又用脚踢她的头部。另外三名警察陆续到达现场，仍然看着查尔斯四处走动、大声咆哮，却无任何行动。直到查尔斯再度走向特蕾西时，他们才终于将他逮捕。

所幸，特蕾西不但没有在这一连串的攻击中丧生，还有足够的勇气成为第一位向法院起诉的家暴受害者，起诉对象包括托灵顿市政府，以及涉案的24名警察。执法单位与人员损害了宪法保障特蕾西的权利，只因加害人是她的合法丈夫，就没有给予她法律上应得的保护（equal protection）。在这起历史性的案件中，法院判决特蕾西胜诉，并判特蕾西获得230万美元的补偿。

不仅如此，康州更在1986年通过了《家庭暴力防治法》，将家暴案件中的加害人列为当下可以被拘捕的人员（automatic arrest）。即使没有拘捕令，就算受害者本人不愿起诉，也照样执行。在新法令施行后的一年里，康州的家暴通报案件就增加了92%，拘捕人数也是之前的两倍。慢慢地，美国其他州也陆续有类似法案通过，要求执法人员承担责任，改变处理家暴事件的态度与反应。在社会的架构下，法律是规范人类行为不可或缺的一环。

家暴，起于彼此的责任和权利不对等

心理师在处理家庭暴力案件时，并不像碰到被虐待的孩子或老人时，有通报的责任。在无法与其他机构合作，共同运用资源的情况下，有时会倍感无力。临床心理医生对病人的保密责任，只有在特定的情况下才有例外，包括：第一种情况，儿童、老年人或成年人受抚养人虐待；第二种情况，当事人可能会在近期内对自己或他人的生命安全造成威胁。

但家庭暴力本身并不符合这个标准，除非当事人可能会在近期内对受害者的生命安全造成威胁（也就是符合上述第二种情况）。通常在家庭或伴侣关系的心理咨询或治疗过程中，不会特别劝和或劝离，而是希望协助双方达成共识后，一起朝目标努力。

但许多专家认为，家庭暴力并不是正常关系中所该探讨的问题，当事人该负的责任，彼此的权利与权威，都不平等，因此违反了亲密关系咨询的基础假设：双方关系平等。

在持续家暴的环境中，若是双方都有意接受帮助，改变现状，应该寻求特别为家暴发展和设计的介入与预防方案。对于过去曾经经历家暴，现在已经脱离家暴情境的受害者，治疗是主要目标。

回到眼前这个24岁的女孩身上。在检查过程中，我看到她身上有许多旧痕、新伤。她双手紧紧地抓住我的衣服，大滴大滴的眼泪从半闭的眼中流下。我回头看看婴儿床上那乖巧安静的孩子，我能做什么？不该做什么？她确实打了911，救护车被派遣到了现场，她也陈述了不适症状。我可以，也应该按照程序走。

但这能改变什么吗？还是只能短暂地延迟不可避免事件的发生？

身为一名紧急救护人员或一位临床心理医生，这其中的职责划分是很明确的。就像我们在人生中扮演许多角色，学习拿捏不同角色之间的界限，不只需要智慧或能力，更需要经验的累积。

Restart Life 面对家庭纠纷，大家常常刻意拖延反应时间，反而给许多受害者造成无法挽回的悲剧和遗憾。

霸凌

他生性内向，因此不太容易交朋友；对别人的攻击，也常常不知如何回应，只有默默承受。

这是一所少见的贵族小学，拥有自己的奥林匹克游泳池（泳池长度50米）。救护车开进学校的时候是上课时间，在操场上上课的学生看到救护员，都好奇地停下正在进行的活动，目光跟着我们移动。我和伙伴拉着担架，推开通往游泳池的门，迎面而来的是湿闷的空气，以及浓厚的漂白水味。游泳池里这时候可能没有课程，只有少数几个学生聚在游泳池边指指点点。已经被拖上来、躺在池边的是个体形瘦小的男孩，他脸色泛白，嘴唇发紫，已经没有呼吸和心跳。在我们立即进行急救后，男孩虽然恢复了呼吸和心跳，但我们无法正确判定他缺氧了多久，大脑是否受到了无法挽回的损伤。

意外发生后，学校已经通知家长，去医院与我们会合。一名体育老师跟着孩子一同上了救护车，陪他到医院。途中，老师告诉我，是他发现男孩在游泳池里溺水的。这名男孩一直以来都是一些同学嘲笑与攻击的对象。他生性内向，不爱说话，因此不太容易交朋友；对别人的攻击，也常常不知如何回应，只有默默承受。不知道从什么时候开始，男孩决定要奋发图强，立志成为一名海豹突击队队员。

隶属美国海军的海、陆、空三栖特种部队，常被称作海豹突击队（United States Navy Sea, Air and Land，简称SEAL）。海豹突击队的训练出了名地严格，他们的格言之一就是：“唯一好过的日子是昨天。”（The only easy day was yesterday.）

这十几岁的男孩却凭着想象力，要把自己训练成海豹突击队队员。他强逼自己在水里憋气，几乎每次都憋到喘不过气或呛到水。

这位体育老师也是前两天才注意到男孩会趁没有人的时候，偷偷溜进游泳池练习。老师懊悔地说，因为工作繁忙，他想过一阵子再找男孩好好谈谈，或许联络他的导师与家人，万万没想到今天却发生这样的意外。

霸凌，是攻击行为

身处由人组成的社会中，就难免有加害人与被害人的关系存在。

攻击是很古老的行为，也有许多不同的种类与形式。敌意性攻击（hostile aggression）是蓄意攻击别人，例如比赛输了去打对手；工具性攻击（instrumental aggression）是使用攻击行为来达到另外的目的，例如抢银行的时候袭击警卫，这时攻击行为本身只是一个工具。攻击也可分为口头、身体、主动或被动（不理或不回应对方）等不同方式。另外，被别人攻击后的反击或自我防卫行为，也算是攻击行为。

20世纪70年代，“霸凌”（bully或bullying）这个词开始被广泛使用。早期的研究是由挪威心理学家丹·奥维斯（Dan Olweus）教授主导的，他最初的研究对象是13岁到15岁的青少年。

霸凌是攻击行为的一种，通常包括以下特性：第一种特性是主动性攻击，并非被诱发（挑衅）；第二种特性是加害者有意图地伤害对方（敌意性攻击）；第三种特性是攻击的行为有重复性；第四种特性是加害者与受害者之间的权利不对等（加害者的社会资源通常比较多，例如朋友较多，或外形等其他方面比较占优势，等等）。

有些关于霸凌的说法，可能错误地将霸凌解释成一种正常发展与社会化的过程。事实上，许多研究一致显示，少年或青少年霸凌的加害人，成年后犯罪以及被判有罪的概率与频率，比没有霸凌行为的孩子高了许多。他们有反社会人格的概率也比较高。

相对地，霸凌受害者的身心健康，一直到成年后，都显著比一般健康成长的孩子差。忧郁症、恐慌症、系统性发炎、自杀、睡眠问题等，受害者有这些问题的概率都比一般孩子高。成年后，霸凌的受害者在财富与社交方面，也显著不如别人。因此，霸凌的影响既不轻微，也不是暂时性的。

霸凌受害人的危险因素包括：与一般人相比，较为不同（身高、体重、身材、穿着等）；被视为弱者（无法保护自己）；忧郁、焦虑或缺乏自尊；朋友较少或较不受欢迎；人际关系不良；有智商或学习障碍。

霸凌加害人的危险因素包括：有攻击性或对挫折敏感度较高；父母较不关心或不参与孩子的生活；家庭环境较不和谐；有喜欢霸凌别人的朋友；不愿遵守规则；认为暴力是有效解决问题的方式；对他人容易产生敌意。

而孩子与同侪之间的互动基础往往来自家庭成员之间的关系。

放任式教育，使网络霸凌加剧

孩子是从父母身上开始学习如何与他人互动的。父母如何对待孩子，决定了他们往后会如何对待别人，进而影响他们会如何被别人对待。过去的研究告诉我们，不能不管或忽略孩子，虽然无须太过严厉，但也要有必需的规范。规范是为保护孩子而设立的。在规范内给予尊重，表达关心，似乎是对孩子最有帮助的原则。

一项2016年1月发表的研究结果显示，权威型教养方式（authoritative parenting style），也就是父母尊重孩子，同时也为他们设立清楚的规范，会降低孩子被霸凌的概率。相对地，专制型教养（authoritarian parenting），既严格又不尊重，以及不设立规范的管教方式，会增加孩子成为霸凌加害者的概率。

另一项2012年的研究指出，相比前两种管教方式，在父母放任不管下长大的孩子更容易出现网络霸凌的行为。忽略或不管孩子，不为他们设立规范，是最会造成霸凌行为的管教方式。同时，也有许多研究显示，过于严厉的管教方式，无论是体罚还是言语上给孩子造成心理创伤，都可能会增加孩子在学校成为霸凌加害人或被害人的概率。

孩子身心健康，拥有幸福快乐的人生，大概是所有父母的心愿，但是没有人可以预测或控制孩子生命中的每一件事，因此亦无法确保能够达成这样的心愿。虽然父母不能控制环境，保护孩子一辈子，但或许能够给孩子提供应付不同环境的工具、面对挫折的态度与思维、建立良好人际关系的技巧，以及符合父母价值观的道德标准。

与他人的互动方式，孩子是从与父母的互动、观察父母的行为和父母直接的教导中学到的。防止霸凌不只是学校或老师的责任，更需要所有父母的用心参与。

Restart Life 孩子是从父母身上开始学习如何与他人互动的。父母如何对待孩子，决定了他们往后会如何对待别人。

对不起

"对不起"这句话在不同人的耳中听来，具有不同的意义；也或许，没有意义。

纽约无线电城音乐厅（Radio City Music Hall）位于纽约曼哈顿中城，是纽约市的重要地标，也是来到纽约一定会造访的旅游景点之一。建于1932年的无线电城音乐厅，是世界上最大的室内剧场。这里曾举办过年度圣诞节的演出，上演过著名的火箭女郎舞蹈团、太阳马戏团等剧团的各式各样的节目，平均每年吸引超过100万名观众，至今有超过3亿人造访过这座音乐厅。

我今天在这里值班，难得有机会看着平时唯恐避之不及的圣诞节人潮，欣赏音乐厅大厅从近26米高的屋顶上垂下来的华丽璀璨的水晶灯，加上外面街上覆盖的一层白雪，还有百货公司五彩缤纷的动态橱窗，圣诞节的气氛还真是浓厚！

正当我沉浸其中，眼前浮现出各种关于圣诞节的童话故事时，无线电传出呼叫："医护人员，医护人员，二楼前方！"

在这种大型活动中值勤，最重要的是要预先做好功课，了解现场的地理环境。记得有位前辈跟我说过，就算练就了一身急救的好功夫，人到不了现场，也是帮不了任何人的。开救护车也是一样，在分秒必争的紧急情况下，走错路或找不到路都是不可原谅的疏失，可能造成无法挽回的后果。

无线电城音乐厅一次可容纳约6000名观众，这还不包括所有的表演者与工作人员。它的座位分布在四个楼层，除了观众席，我们还要对舞台和后台的分布与隔间有相当程度的了解，才能在有状况的时候及时赶到。

这时太阳马戏团的演出正在进行，我们必须在尽量不干扰观众和节目进行的情况下赶到现场，甚至进行急救。我拉开二楼观众席的门，表演音乐的音量顿时大了起来，一下子眼睛还无法适应黑漆漆的一片。我拿出随身携带的手电筒，看到了服务人员向我们挥手。我走到这位观众身旁，看到的是一名体形庞大、超重的中年男子——一个人坐了两个位子。

他汗如雨下，虽然是坐着，却呼吸急促，一副喘不过气来的样子。汗水浸湿了他的头发，顺着脸颊、脖子流下，衣服几乎湿透，像是刚从大雨中进来一样。他的血压极高，也疑似有心肌梗死，毫无疑问，必须立刻送往医院。听起来很简单，但这是个棘手的特殊状况，因为他的体重……

当病人的体重超过136公斤时，急救人员可能需要启动一套针对肥胖病人的流程。在运送过程中，通常需要至少四名救护人员，有时甚至要调派特殊设备，从量血压的袖套到担架、车辆或其他特殊设备和工具，这些都需要额外的时间，可能耽误急救时间。有些急救中心也会有特殊的单位专门处理过重病人的搬运（bariatric unit）。我们的人员与装备有限，只能先将病人移出剧场，给予氧气及一些基本急救处理。在等待支持的时候，家人吵了起来……

“怎么办？怎么会这样？”家人甲看起来惊慌失措，焦急地说。

“我就知道！这是早晚的事，他根本就是个定时炸弹，自私得要命！”家人乙暴跳如雷，脸都涨红了。

“不要这样，难得一家人出来，现在发生这样的事，看怎么解决才最重要……”家人丙无奈地试着打圆场。

家人乙接着说：“我要忍耐到什么时候？如果对他有同情心，那对真的该得到同情的人就太不公平了！你看看他，把自己搞成这样，完全是自作孽！爷爷奶奶可没把他生成这样。他们身体硬朗得很，不但不给人添麻烦，还常常帮我们。他呢？父母把他生得好好的，完全是自我放任！说什么他有选择怎么过生活的权利，只要不犯法，他有爱做什么就做什么的权利，有选择吃喝玩乐，过他想过的人生的权利。结果呢？把自己搞成这样，全家人出来玩，就算不理会别人的眼光，也要考虑他行动困难，走到哪儿都要做特殊安排，还要怕这定时炸弹爆炸。看吧！现在他的权利爆炸了，我的假期毁了，难道还有义务在这儿收拾局面吗？”家人乙越说越气，简直是暴跳如雷。

在家人甲的哭声、家人乙的怒骂、家人丙的安抚声中，这位病人脸色灰白，用颤抖的手把氧气面罩拉下，大口喘着气，断断续续地说：“对……对……对不……起……”他的汗水、泪水在脸上交杂，滑落在身上，滴在地毯上。对不起？

道歉，是一种心意

“对不起”这句话在华人文化中好像不太容易出现。取而代之的是程度相对轻微也是现在在年轻人或服务业中常听到的“抱歉”或“不好意思”。道歉，在我们的生活中到底扮演着什么角色？在什么样的情况下应该使用它？

道歉是群居社会健康的人际关系中不可或缺的一环。只要有犯错的可能，就有道歉存在的必要性。在道歉之前，一定有一个事件发生。道歉，是因为在事件中，个人有意或无意地给他人造成了麻烦、不便、伤害或其他负面影响。道歉，是当事人为所发生的事件感到难过，并愿意承担至少部分责任——承认自己是有能力与机会避免这个负面事件发生的。

第一，是承认所面对的负面状况。第二，是承担责任——自己在这个状况中所扮演的角色，或多或少造成了这个状况的发生。第三，是承诺未来会改进，以避免类似事件再发生。

举例来说，我因为赶时间冲撞到你，导致你手上的杯子拿不稳，水洒到身上。无论如何，水洒到身上不是一件好事。首先，至少我可以表达一些同理心："啊！真糟糕，水洒到身上了！"其次，因为你是被我撞到才会这样，所以我会说："真是对不起，是我撞到你才会这样。"最后，我会表示："我以后一定会小心一些，特别是在赶时间的时候。"以上依序代表了道歉的三个步骤：第一步，陈述事实；第二步，承认我不应该；第三步，说明我以后会如何改进。

道歉，是一种心意。其实，英文中的"I am sorry"，除了可以表达歉意之外，还可以表示难过的意思——为对方的感受或处境感到遗憾或难过，传达同理心。

当我们认为自己没有责任时，可以考虑只做第一步：陈述负面事件的事实。有时我们在争执中说话伤到人，但我们不认为这话会伤人，对方也"不应该"被伤到，因此不想道歉。这时，至少可以承认对方受伤的事实：我很难过／抱歉你感到被伤害……最重要的是，不要找借口。如果认为自己做错了，就针对错误的行为道歉。所有的行为都有理由，但尽量不要用理由做借口，否则会降低道歉的价值。

就像刚才的例子，我是因为赶时间才撞到人。赶时间是理由，但不需提出来让它成为借口。最后，道歉对做错事的人来说是负责任的做法，但原谅不是对方的义务。若希望对方原谅，可以诚心地将这期盼表达出来。但请切记，即使我们道歉，也不代表对方一定要接受或原谅。我们只能做到自己该做的，而无法控制对方的行为或反应。

除了道歉的基本步骤以外，还有一些构成道歉的必要条件，其中不可或缺的就是诚心。不诚心的道歉，比不道歉给对方的感觉更差。过去的研究曾经显示，越严重的过错，犯错的人越应该花更多的时间反省，然后再表达歉意，对方的接受度才会比较高，而不是事发当时草草说一句“对不起”就完事了。

这位在无线电城音乐厅，一人要买两张票、坐两个座位，体形庞大的男子，在看表演时突发心脏病，在家人的争执与抱怨中，用他剩余的力气挤出的一句话是：对不起。

清官难断家务事，我不知道他们的家庭背景，或是他健康状况的来龙去脉。但如果真是因为放纵自己，不听劝告，而造成今天的后果，那么无论他的“对不起”有多真心诚意，恐怕也于事无补了。

在各种族群都意识高涨的今天，大家动不动就把权益挂在嘴上，好像这是一个可以把自己的行为合理化的词。姑且不谈权益的本质与种类，什么样的权益是所有人都有的？什么样的权益是靠自身努力或其他因素换取来的？权益与义务的关系为何？权益的使用是否有其限制？

人的行为是有后果的，我们做什么，不做什么，都会产生相应的后果。当我们决定使用自己认为该有或当得的权益时，或许可以得到我们想要的，或是为我们的行为找到正当理由，但这么做所造成的结果，不一定是我们可以预期或控制的。

这位体形庞大的先生或许认为他有权选择自己想吃的食物，选择他喜欢过的生活，这是他的身体，只要不犯法，有什么不可以？针对这个问题，我想答案应该是：没什么不可以。但后果呢？只要他跟别人有所联结，这后果影响的就绝对不只是他一个人。

当他出门时，无论是长途旅游还是在附近办事，都要花费许多额外的时间、金钱与精力去计划安排。他现在突然心脏病发作，很可能是他所选择的生活方式造成的，接踵而来的医疗照护任务，谁来承担？是他吗？他连呼吸都无法负荷，所能做的只是说一声“对不起”。或许，这句话在不同家人的耳中听来，具有不同的意义；也或许，没有意义。

在科技发展迅速，脚步越走越快的今天，每个人的精神、体力和其他资源都常处于不足甚至耗尽状态，往往只能看到眼前，无法顾及后果，更想不到自己的行为将如何影响他人，特别是关心我们以及我们所爱的人。但许多因果定律，是不会因为我们短视，我们欠缺考虑，就多给我们一次机会或改变后果的。有句话说得好：“千金难买早知道。”虽然世事难料，但如果我们愿意多花些时间，考虑自己的行为可能造成的后果，可能对别人造成的影响，那么有许多事是可以预防的，并且可以避免事后的道歉。

这位体重过重的病人，在心脏病发作时，到底想对身边的人说什么？“对不起，我不知道会这样”？“对不起，早知道我就不会这样”？他虐待身体的后果，不会因为一句“不知道”就改变，更何况，虐待身体的后果应该是可以“早知道”的！

在物理世界里，牛顿第三运动定律是：“For every action, there is an equal and opposite reaction.”中文表述为作用力和反作用力……或者，也可以尝试从心理学的角度来看，即意味着：无论我们做什么，都会出现与行为同等强度的反应——这就是后果。当然，这就不像物理定律这样严谨了。频频放纵自己，长期霸凌别人，经常情绪爆炸，都会有它的后果。不仅如此，后果的强度也与当初的行为相当。从心理学的角度来说，我可能还会加上一句：**每当我们选择不做什么时，都会出现与我们的选择程度相当的后果。**（For every inaction, there is a corresponding consequence.）

这位超重的病人所需要的协助，是从有限的医疗资源中分配出来的，他用了，别人能用的就会少一些。决定权当然属于每一个人，无论如何决定，都有后果。有时候，每一个人，每一次的决定，加总起来的后果，是要整个社会一起承担的。一次次该伸张正义时，却默默不语，选择忍气吞声，当然会有后果；长期的压抑、退让、委曲求全，当然会对身心有负面影响。少数民族被歧视或被迫害，也是因为没有足够的人愿意在应该伸张正义的时候发声。

我目不转睛地看着这位先生，随时预备好在他心脏骤停时为他做心肺复苏急救，同时也担心这样的体形在被施行急救时，就算我把整个人的重量都压上，可能也压不到他的心脏。幸好，支持人员在他休克前及时到达，将他送往医院。他确实是急性心肌梗死，虽然到医院时意识清醒，但毕竟延误了抢救时间，他的心脏是否会因此遭受无法挽回的损伤，之后的康复又将如何，谁会负责他的医疗管理和照护，这些后续情况我就不得而知了。

Restart Life 每当我们选择不做什么时，都会出现与我们的选择程度相当的后果。

偏见

妇人又哭又笑的，回头紧紧地抱住流浪汉：“你是天使，你是上天派来守护我们的天使！”

坐在救护车里，停在特定路口待命，是我们值勤的常态。今天由我的好搭档负责驾驶，我坐在前座，看着来往的行人。

位于纽约市曼哈顿中心的中央公园（Central Park），是吸引当地人与游客的著名景点。大约只有台北市1/3大的曼哈顿，人口密度是台北市的近3倍，其中有着比台北大安森林公园大了13倍有余的中央公园。在人口密度这么高的地方，占了曼哈顿将近6%面积的公园，是当地居民不可缺少的一块绿地。

1962年，这块绿地被美国内政部指定为国家历史名胜，更在

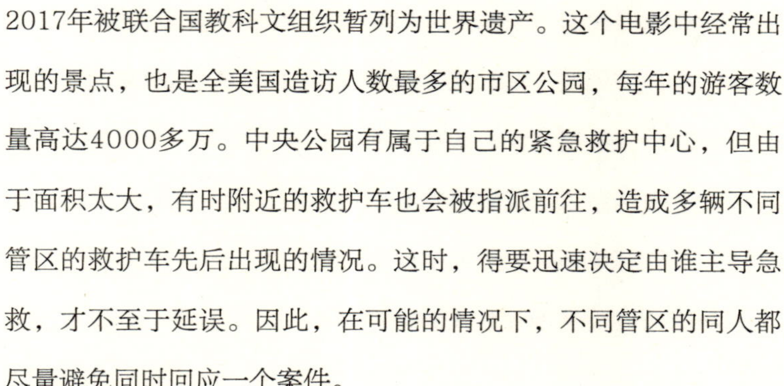

2017年被联合国教科文组织暂列为世界遗产。这个电影中经常出现的景点，也是全美国造访人数最多的市区公园，每年的游客数量高达4000多万。中央公园有属于自己的紧急救护中心，但由于面积太大，有时附近的救护车也会被指派前往，造成多辆不同管区的救护车先后出现的情况。这时，得要迅速决定由谁主导急救，才不至于延误。因此，在可能的情况下，不同管区的同人都尽量避免同时回应一个案件。

今天我们被派遣到离中央公园不远处的一个路口，被叫进公园的概率应该不大。观察人群是让我觉得很有趣的一件事，每个人的背后都有其独特的故事，远远看着不同的人互动，不知是否能猜测到他们的关系，甚至他们的对话内容……正当我沉浸在自己的想象世界中时，眼前突然出现的一幕景象把我拉回现实。进入我视线的画面中，有个人从不远处急速地朝我们救护车的方向奔来，手中还抱了一个婴儿！

一般的规定是，在值勤中，如果手上没有正在处理的案件，遇到有人拦救护车或主动寻求帮助，我们应即时处理。目前我们只是在待命状态，看到有人惊慌失措地抱着婴儿跑来，理当立刻准备回应。

看着他离我们越来越近，我发现这画面有点不对劲，是哪里不对？我们下了救护车，戴上手套，迎向朝着我们跑来的人。他看起来像是一名流浪汉，大热天的，他身上穿着一件厚外套，蓬头垢面，脚上穿了一双发黑的破旧白球鞋，没穿袜子。他的双脚浮肿，可能有循环系统方面的问题。这名流浪汉手中抱着一个婴儿。当我从他手中接过婴儿时，看见婴儿干干净净、细皮嫩肉的脸蛋与流浪汉藏污纳垢的长指甲和肮脏的手，怎么看，都匹配不起来。

“天哪！你对这孩子做了什么！”我心想。

婴儿脸色泛蓝，没有呼吸，没有心跳。

我双手围住婴儿的前胸后背，用两手的大拇指在婴儿的胸前往下压，开始做心肺复苏。我一面做心肺复苏，一面回头往救护车的后方跑。我的搭档先我一步，把车门打开，我们一起进入车内，把婴儿放到硬板上，一面继续做心肺复苏，一面开始做检查。流浪汉跟着我们来到救护车后门处，不知所措地站在车外。

“发生什么事了？这婴儿怎么了？”我一面做检查，一面大声询问流浪汉。

他嘴里念念有词，频频摇头：“不知道……我不知道……”

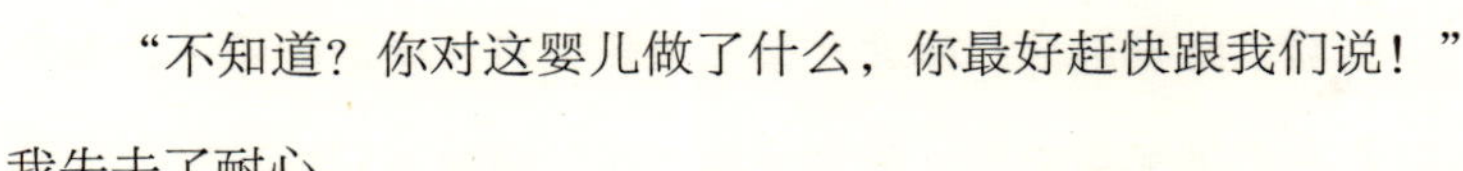

“不知道？你对这婴儿做了什么，你最好赶快跟我们说！”我失去了耐心。

这婴儿严重缺氧，接下来可能需要插管，得想办法把氧气送进他小小的身体、小小的肺。

“啊！看到了！看到了！”我的搭档在婴儿的喉咙里发现了一小块异物。

他小心地移除异物后，婴儿恢复了呼吸和心跳，脸色也转为红润。顿时，大家都松了一口气。我抬起头，往车外看，看到一名妇人泪流满面，急切地想要知道情况。

“婴儿恢复呼吸了，但为了安全起见，还是应该送到医院详细检查一下。”我不确定应该对谁说这话，因为他们站在一起，所以我就朝他们站的方向讲……

“谢天谢地！谢天谢地！”妇人又哭又笑的，回头紧紧地抱住流浪汉，激动得就差往他脸上亲，“你是天使，你是上天派来守护我们的天使！”

天使？这不是我看到一个流浪汉时马上会想到的词语……这妇人是不是错乱了？或许她是想对我们说这话？毕竟，是我的搭档救了这孩子一命。

“我们从外地来，刚才在公园里玩。在回旅馆的路上，我们在公园外的路边稍坐，顺便给孩子喂奶，孩子不知怎么了，突然就不对劲地抽搐起来。我们都不知道怎么办的时候，这位先生从我手中一把就把孩子抱走，没命地往前跑，我追也追不上。真是多亏了他，知道情况紧急，更知道这边有救护车，及时救了我的宝贝一命！”

用偏见判断，并不公平

什么是偏见？根据先入为主的观念所做的判断，就是偏见。先入为主的观念常常来自刻板印象（stereotype）。人们对一些特定族群或事物会有刻板印象，有些是普遍性的，有些是区域性的。在美国，常见的刻板印象包括：东方人的数理很好，黑人很有运动细胞，金发女郎的智商低。在台湾，刻板印象包括：原住民爱喝酒，外省人是国民党，等等。大众的一些普遍性的刻板印象包括：女生爱哭，老人虚弱，体形胖的人较懒，等等。

或许有些人会问：这些是偏见吗，还是事实？大部分女生都比男生爱哭，老人比年轻人虚弱，原住民比非原住民爱喝酒，不是吗？这“偏”在哪里呢？问题来自“大部分”的认知。就算这些认知大部分时候是正确的，当我们面对一个人的时候，这个人也应当得到我们对他个人独立的评估与判断，因为他不是大部分，他是独立的个体，用大部分人的认知来评断他，是不公平也未必准确的。

偏见与刻板印象都有其存在的必要与价值。我们的大脑每天要处理大量的信息，要有效地运作，必须发展一些快捷方式，以节省资源，增加效率。刻板印象是后天形成的，偏见是过去经验的累积，都可以帮助我们在最短的时间内，得到最接近正确答案的结果。权衡时间和准确性，这是一个能最有效率地换取结果的方式。时间越多，准确性越高。

在决策的过程中，时间往往是关键性的限制；如果是在无限的时间下，我们能收集所有的信息，就应该可以做出正确的决策。问题是，现实生活中不可能有无限的时间，因此我们必须在有限的时间里，运用现有的信息，尽量做出正确的决策。偏见可以帮助我们做到这一点，因为在“大部分”时候，偏见可能是对的。

你对流浪汉有刻板印象吗？你所见过的、在电影中看到的、在书本上读到的、听人讲述的流浪汉有哪些特质？不修边幅、酗酒、吸毒、有异味、肮脏、有精神疾病、有攻击性、贫穷、乞讨。当这样的一个人惊慌失措地抱着一个婴孩，在街上狂奔的时候，你有何感想呢？

我知道我是怎么想的。事后想来，还真不知道这位流浪汉有着什么样的过去，经历了些什么，才会对婴孩的紧急情况这么敏感。他显然是不假思索，也不管别人的眼光，在第一时间把婴孩从那位慌张的妈妈手中抢过来。因为他是常在附近走动的流浪汉，所以知道救护车的定点位置。他没有考虑以他的状况抢了孩子在街上跑，对自己而言可能是件危险的事。别人可能会误认为他会对孩子不利，会伤害孩子，而把他当成坏人追打或报警。但事实是什么？事实是：他是救了孩子一命的天使。

偏见是把双刃剑，它可以帮助我们即时做出最接近正确答案的判断或选择，但最接近事实的答案，还是可能有错。

我很幸运，对于流浪汉的偏见在那天没有给他人造成伤害。当时，如果我能察觉到自己的偏见，或许就能够暂时把它收起来，对流浪汉的问话方式就会有所不同，也可能就会得到有用的答案。知道了人有这样的特性，就可以尝试改进。虽然偏见很难移除，但也不需要移除，只要我们能够察觉到自己的偏见，在面对别人的时候，多给自己一些时间、一点空间来收集相关信息，不要太快下结论，就可以减少偏见的负面影响。

Restart Life 虽然偏见很难移除，但知道了人有这样的特性，就可以尝试改进。

后记
在场

人生的经历很复杂，它因为我们和别人的互动而变得更丰富。医院是一个能让很多复杂情绪在此产生或显现的地方。有些人在医院里被迫面对出乎意料、改变人生的大事，也有些人在这里面临难以抉择的人生题目。对于能够顺利离开医院的人，即使只经历过短短的时间，这种经验也常会让他们暂停脚步，对生命做一些反思。

无论是医院还是急救现场，都是一个窗口，通过这个窗口，人的情绪被增强、被放大了。作为一个局外人，我有幸受邀，登上了这些特殊的人生故事的舞台——不是一名演员、导演或观众，而是一个见证人。

有时候，我们会忘记了“当（做）自己”的重要性。

我们太忙于去扮演人生中被赋予的各种角色。我们绞尽脑汁去想应该如何面对一个正在承受痛苦的朋友，应该说什么，却忘了其实只要我们在那里，就可以与对方共同承担悲伤。我们太忙于对承受巨大压力的亲友提出建议，却忽略了倾听对方的感受。我们太忙于帮我们所爱的人做一些事，而牺牲了与对方共处，让彼此有高质量互动的机会。

做事，当然是重要的。但是在特别艰难的情况下，“在场”更重要。对方更需要的是我们陪着他，走过人生艰难之路，这也许比尝试去改变他悲痛的经历更重要。

学习如何爱、如何关心我们在人生旅途中所遇到的同伴，是一项非常有挑战性的工作。但是，这是可以做到的。

用一点心，带着善意，再加上大量的练习，我们都可以成为一个更好的倾听者、照顾者和爱人。

当我们感觉紧张的时候，特别需要学会放慢脚步；当我们感到迷失，不知道该说或是该做什么的时候，特别需要学会忍耐。

当负面感受出现的时候，让自己处在其中，的确不容易。学习包容它，与它共处，其实是更重要的。

没有任何情绪会永远停留不变，即使当下我们感觉好像会永远陷在其中。用心体会每一种感受，并学习让它顺着自然的时程与节奏发展，不去压抑、改变或逃避它，是一种选择；在选择用什么态度去回应人生中的大事的时候，或许这是一个值得考虑的选项。

现在，我仍然不断提醒自己，不要因为别人说话的声音愉悦，或是脸上有笑容，就认为他内在也是如此。

在忙碌的生活中，很少有人会放慢脚步，注意他人的需求。我本着一颗单纯的好奇心，最终体验了无价的生命历程。在我不断学习、了解人类行为的旅程中，我永远谨记从我刚开始担任关怀师所拜访的病人——金伯利身上学到的功课：我没有答案——无论是作为关怀师、紧急救护技术员还是心理学家，对于人生的许多事，我都没有答案。

还好，我们不用知道答案，也可以关心别人。

我们只要诚实地面对自己的想法和感受，最重要的是，在与人互动的时候，能够真心诚意地与对方共处，或许就可以让自己与他人产生某种程度的联结，使这种相处不至于失去它的意义。

© 民主与建设出版社，2020

图书在版编目（CIP）数据

生命这堂课 / 陈永仪著 . —北京：民主与建设出版社，2019.10
ISBN 978-7-5139-2647-8

Ⅰ . ①生… Ⅱ . ①陈… Ⅲ . ①纪实文学 – 中国 – 当代 Ⅳ . ① I25

中国版本图书馆 CIP 数据核字（2019）第 202920 号

著作权合同登记号：图字 01-2020-0654

版权所有 © 陈永仪
本书版权经由三采文化股份有限公司授权中南博集天卷文化传媒有限公司
简体中文版权
委任安伯文化事业有限公司代理授权
非经书面同意，不得以任何形式任意重制、转载

© 中南博集天卷文化传媒有限公司。本书版权受法律保护。未经权利人许可，任何人不得以任何方式使用本书包括正文、插图、封面、版式等任何部分内容，违者将受到法律制裁。

上架建议：文学 · 心理

生命这堂课
SHENGMING ZHE TANG KE

作　　者	陈永仪
责任编辑	刘　芳　周　艺
监　　制	秦　青
策划编辑	张　卉
文字编辑	郑　荃
版权支持	辛　艳
营销编辑	吴　思
装帧设计	李　洁
出　　版	民主与建设出版社有限责任公司
电　　话	（010）59417747　59419778
社　　址	北京市海淀区西三环中路 10 号望海楼 E 座 7 层
邮　　编	100142
印　　刷	北京天宇万达印刷有限公司
开　　本	875mm × 1270mm　1/32
字　　数	113 千字
印　　张	7
版　　次	2020 年 5 月第 1 版
印　　次	2020 年 5 月第 1 次印刷
书　　号	ISBN 978-7-5139-2647-8
定　　价	42.00 元

注：如有印、装质量问题，请与出版社联系。